SPROUT RECIPES

スプラウトレシピ

発芽を食べる育てる

信州大学名誉教授 茅原 紘 監修
発芽食協会 片岡芙佐子

創森社

発芽の生命力で健康に ~序に代えて~

発芽食とは、穀類・豆類・野菜の種子を発芽させたもので、総称してスプラウト(sprout = 発芽・新芽)ともいいます。発芽玄米やモヤシも発芽食ですし、最近ではブロッコリースプラウトなどのスプラウト野菜や発芽した豆類も、一般のスーパーなどで販売されるようになりました。

発芽の魅力に魅せられ、「発芽食」を実践してきましたが、体調がよく、体が軽やかで、その恩恵には驚くばかりです。長男・裕士と営むベーカリー「カントリーグレイン」併設の「カフェ　スプラウト」でも、さまざまな発芽食メニューをお出ししていますが、お客様にもたいへん好評をいただいております。本書では、それらのレシピのほか、あらたに開発したレシピ、アレンジしたレシピを多数紹介しています。

植物の種子は次の生命を誕生させるエネルギーを秘めていて、発芽するとき、生命エネルギーは最大になります。「発芽食」のよさは、その高栄養価と、だれにでも手軽に安価に料理と栽培ができることです。食の問題は命と密着しています。豊富な栄養と、とりたての新鮮さをシンプルに調理して楽しめる発芽食は、食の不安を解消します。まさにミラクルフーズで、これぞ「21世紀の食物」。「生きているものを食べて、生かされる」という言葉がありますが、芽が出るということは、その食物が生きている証拠です。この生命力こそが、発芽食の魅力です。

この本の出版にあたり、(株)村上農園代表取締役・村上秋人氏、ドーマ(株)代表取締役・塚原菊一氏にアドバイスをいただきましたこと、また、信州大学名誉教授で発芽食協会名誉顧問・茅原紘氏に監修していただきましたこと併せて深く感謝申し上げます。発芽食を実践して、一人でも多くのみなさまに感動を味わっていただければ、望外の幸せです。

発芽食協会代表　片岡芙佐子

スプラウト レシピ～発芽を食べる育てる～●もくじ

GARDEN BLEND
ALL NATURAL
SUNFLOWER
SPROUTS
SPROUTMAN

第1章

新芽を食べる効果と栄養

発芽食は理想の食べ物

◆スプラウトを食卓に

植物の種子は、次の生命を誕生させるエネルギーを秘めています。植物は発芽して新芽になったときに生長力のピークを迎え、発芽時の新芽は、生長した状態（完成野菜）に比べ、はるかに多くのビタミンやミネラルを含んでいます。まさに種子のパワーが躍り出た、最大の栄養宝庫植物です。それを収穫して即食卓に、というすこぶるシンプルで新鮮美味な、機能性を備えた食事が「発芽食」です。

「スプラウト（sprout）」は英語で「芽、新芽」のこと。植物の新芽の総称で、近年アメリカでは健康志向の人々を中心に食品の新しいトレンドとなり、日本でも注目を浴びはじめています。けれどもとくに目新しい新野菜でもなく、日本に昔からあるモヤシも、すっかり定着したカイワレダイコンや豆苗も、最近話題の発芽玄米も、広く考えればスプラウトの一種。これらのスプラウト（＝発芽食品）を上手に食卓に取り入れ、①ビタミン・ミネラルたっぷりの、②生命力にあふれた、③おいしくて健康的な食べ物をとる、それが発芽食なのです。

◆新芽・若芽は生きたサプリメント

スーパーの店頭で葉の表面に水滴を光らせているホウレンソウは、一見新鮮そのものに見えます。けれども、そのホウレンソウの多くは、土からとられて車にのせられ、市場でセリにかかり、そしてまた車で運ばれて、やっと店先に並んでいるもので、その間どのくらい時間を経ているのか定かではありません。野菜は収穫直後からビタミンが減少しはじめます。レタスは摘み取って30分でビタミンが約25％減少、店頭に並んでいるホウレンソウは一般的に約80％減少しているという研究報告がありますが、これを知るとガッカリしてしまいます。

けれどもスプラウトは、食べる直前まで生きています。とくに自分で栽培したものは、収穫して3分もたたないうちに食べることができるので鮮度は抜群、発芽時の豊富なビタミンやミネラルを効率よく摂取することができます。そのためスプラウトは「生きたサプリメント」と呼ばれています。

優れた栄養価とさまざまな効用が話題の発芽玄米

◆根も葉も茎も備えた「丸ごと野菜」

スプラウトは、土や畑がなくても簡単・手軽に栽培できます。自分で栽培したスプラウトは、農薬もかけない、添

図表１　一般野菜の栄養価比較

	ミネラル								ビタミン											食物繊維		
	カルシウム	リン	鉄	ナトリウム	カリウム	マグネシウム	亜鉛	銅	カロチン	A効力	E	K	B_1	B_2	B_6	ナイアシン	葉酸	パントテン	C	水溶性	不溶性	総量
一般野菜とその新芽（スプラウト）との比較																						
ダイコン	30	22	0.3	14	240	7	120	23	0	0	0	0	0.03	0.02	0.06	0.3	-	-	15	0.4	0.8	1.2
カイワレダイコン	55	60	0.5	5	100	33	290	30	1900	1100	2.2	200	0.08	0.13	0.23	1.3	95	0.29	47	0.3	1.9	1.9
ブロッコリー（ゆで）	38	80	1.1	4	180	30	1100	110	63	350	1.6	170	0.03	0.07	0.14	0.2	-	-	50	1.0	3.8	4.8
ブロッコリースプラウト※	91	-	1	-	160	-	-	-	2720	1510	3.7	273	0.11	0.14	0.16	1.5	100	0.36	50	-	-	-
ブロッコリースーパースプラウト	65.8	121	1.1	-	105	-	-	-	1600	520	4.8	125	0.16	0.17	0.3	2.6	0.17	1.04	80	-	-	-
レッドキャベツ	40	43	0.5	4	310	13	300	40	36	20	0.1	-	0.07	0.03	-	0.3	-	-	70	0.6	2.2	2.8
レッドキャベツスプラウト※	95	-	0.8	-	201	-	-	-	1840	1020	3.2	241	0.08	0.11	0.17	1.7	110	0.25	56	-	-	-
スナップエンドウ（若サヤ）	32	60	0.6	1	160	21	420	80	400	200	0.4	3.3	0.13	0.09	0.09	0.7	55	0.22	43	0.3	2.2	2.5
豆苗	18	55	1	3	210	18	580	110	4700	2600	2.8	320	0.2	0.3	0.2	1	150	0.7	75	0.2	2.9	3.1
その他の主なスプラウト野菜																						
マスタードスプラウト※	90	-	0.7	-	212	-	-	-	1300	720	1.8	109	0.05	0.09	0.12	0.8	86	0.18	25	-	-	-
クレススプラウト※	38	-	1	-	168	-	-	-	1640	910	4.1	182	0.07	0.1	0.14	1.5	81	0.29	16	-	-	-
芽たで	49	110	2.3	9	140	70	930	85	4900	2700	4.8	360	0.15	0.21	0.27	1.1	75	0.29	65	0.6	5.7	6.3
つまみな	210	55	3.3	22	450	30	400	70	1900	1100	1.4	270	0.06	0.14	0.1	1	65	0.33	47	0.3	2	2.3
主なサラダ野菜（参考）																						
キャベツ	43	27	0.4	6	210	14	160	22	18	10	0.1	80	0.05	0.05	0.1	0.2	-	-	44	0.1	1.8	1.9
キュウリ	24	37	0.4	2	210	13	230	55	150	85	0.4	50	0.04	0.04	0.05	0.2	-	-	13	0.2	0.6	0.8
レタス	21	24	0.5	1	220	10	200	38	130	70	0.3	70	0.06	0.04	0.06	0.2	-	-	6	0.1	1.3	1.4
トマト	9	16	0.3	2	230	8	130	47	390	220	0.8	4	0.05	0.03	0.07	0.5	-	-	20	0.1	0.6	0.7
セロリ	34	34	0.2	24	380	8	130	30	290	160	0.2	9	0.03	0.03	0.07	0.3	-	-	6	0.3	1	1.3

新芽野菜は、ほとんどの栄養素が一般のサラダ野菜に比べて高いが、とくにビタミン類は2～11倍と非常に多く含まれている。※は日本食品分析センター調べ、他は食品成分表より抜粋（資料提供：株式会社村上農園）

加物も入れない、放射線照射もしない、ましてや遺伝子組換えもない安全な食品です。

　またスプラウトは植物の根も葉も茎も、丸ごと全部を備えたホールフード（whole food・自然食品の意味もある）、つまり「丸ごと野菜」です。栄養学の発展は素晴らしく、日々新しく解明されていますが、それでも未知の成分があります。たとえば小麦の場合、全成分の9％はいまだ解明されていない未知の成分。しかしこれらの成分も人間の活動に必要な栄養素であることが期待されています。これは、サプリメントでは補給できない成分です。

　さらに食べすぎを防ぐダイエット効果もあります。人間は栄養不足だと体が「もっと食べろ」という信号を出して自然調節しますが、カロリー源ばかり食べていると体は満たされず、食欲はおさまりません。ところがスプラウトで栄養不足を解消すると、量をそれほど食べなくても体が満たされ、いつの間にか体重が減っていきます。健康的で美しくあるためにも、豆類、穀類、スプラウト野菜を上手に組み合わせ、野菜は生食でしっかり召し上がってください。

（片岡）

発芽食の栄養と機能性

◆発芽によって栄養成分が増大

種子の発芽は、植物が子孫を残すための一大イベントです。種子が水分を吸収すると、細胞自身が膨らんで組織が発育し、外皮も活発に呼吸を始めます。そして胚が植物ホルモンの働きによって生長を促され、種子の中にたくわえた栄養を開放して芽を出すのです。

種子の中には祖先から受け継がれてきた生命に関する情報と、発芽に必要な栄養がぎっしりと詰まっています。普段は冬眠状態で生命活動をしていませんが、水・光・温度などの条件がひとたび整えば、その遺伝情報に従って発芽し、親とまったく同じ植物に育っていきます。エジプトのピラミッドの埋葬品として納められていたハスの実やエンドウマメの種子が、何千年もの時を経て発芽したという記録もあります。種子は、凝縮した生命のパワーを内に秘めて生きているのです。

ところが、種子が発芽するのに必要な栄養成分と、芽が生長するのに必要な栄養成分が違うため、植物は、新芽が出たり最初の葉が出る段階で、種子の状態では存在しなかった種類のビタミンや、その他の栄養成分を自分で合成します。現在の研究では、植物全般の平均でビタミンB_2は約65%、ビタミンEは約116%も増加することがわかっています。アミノ酸や酵素類、食物繊維も増加し、カルシウムや鉄分などのミネラルは、量も種類も豊富になります。

◆発芽は3段階に区分

いわゆる発芽食品（スプラウト）には、

①種子の発芽直後（発芽が0.5〜1㎜程度の状態）
②茎がある程度伸長した段階
③発芽直後と伸長後の両方を利用するもの

の3種類があります。

①には発芽玄米、発芽小麦、発芽大麦、発芽赤米、各種発芽豆類などがありますが、とくに発芽玄米は研究および製品開発が進んでいて、炊飯器で炊くことができる製品や調理済み食品が、健康食品店だけでなく、すでに全国各地のスーパーなどに広く出回っています。発芽小麦や発芽豆類も有望です。

②は最近注目の、いわゆる「スプラウト野菜」です。カイワレダイコン、アルファルファ、ブロッコリー、マスタード、レッドキャベツ、ラディッシュなど種類も多く、認

がん抑制効果で注目を浴びているブロッコリースプラウト

知度も上がっています。

③は豆類やソバなど。一般のモヤシは緑豆を、豆モヤシは大豆の茎を伸長させたものです。最近はカイワレダイコンより長めで茎が赤いソバの新芽も、よく見かけるようになりました。

◆発芽玄米の胚芽と胚乳

種子が発芽すると、胚芽の部分でまったく新しい細胞がつくられていきます。発芽時の種子は、新たなビタミンや栄養素がつくり出され、発芽に必要な栄養素が最高レベルに整っている状態です。この、最高に濃縮された栄養素を人間が利用しようという発想が「発芽食」なのです。発芽食品のなかで研究および開発がいちばん進んでいる発芽玄米を例にとって説明してみましょう。

イネの種はモミ殻に包まれていて、その中には、ヌカ層に包まれた胚芽と胚乳があります。胚芽が子孫を残すエネルギーの元で、胚乳はデンプンという形でエネルギーをたくわえている栄養貯蔵庫です。脱穀してモミ殻を取り除いた状態が玄米、精白してヌカ層と胚芽を除き、胚乳だけにした状態が白米です。発芽するのは胚芽部分なので、玄米は条件さえ整えれば発芽しますが、胚芽を取り除いた白米は発芽しません。玄米と同様に、豆類も、殻をむいてあっても、生で胚芽が残っ

図表2　白米・玄米・発芽玄米の形状

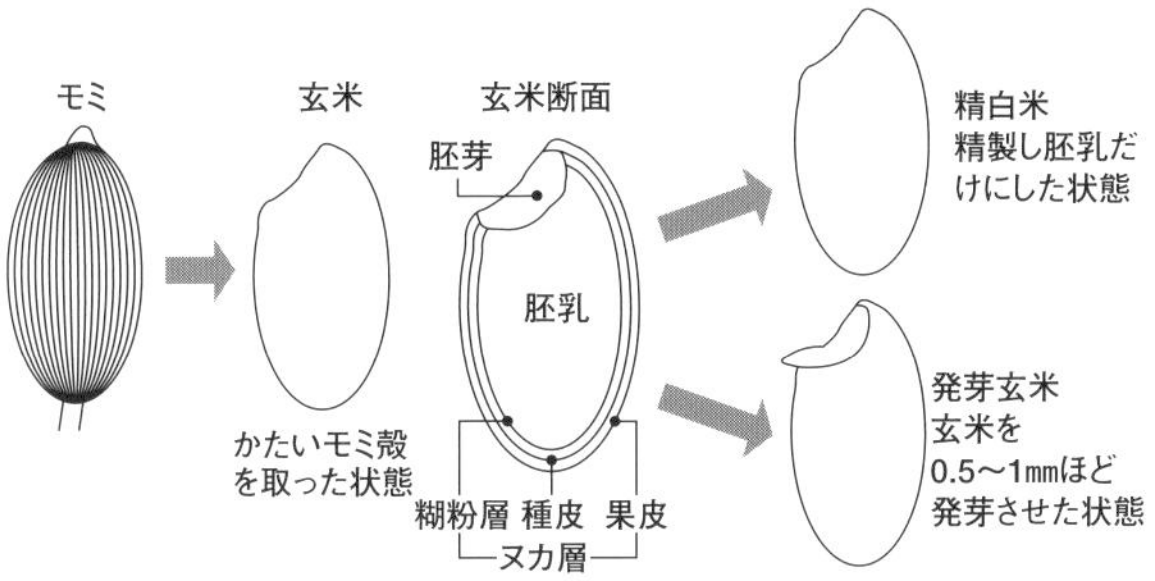

図表3　白米と比較した発芽玄米の栄養成分（100g当たり）

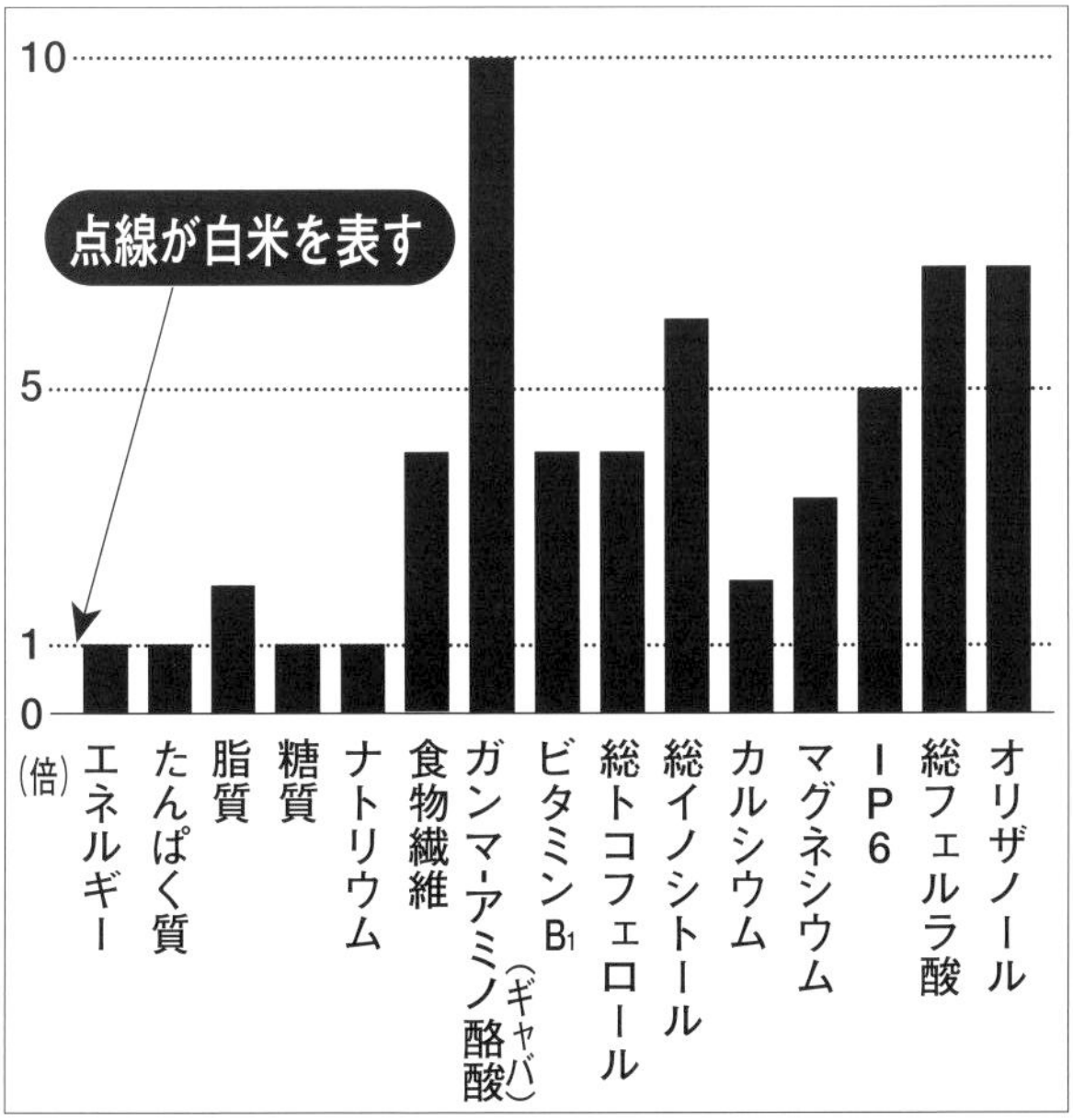

図表4　白米・玄米・発芽玄米に含まれるアミノ酸の比較（白米を1として）

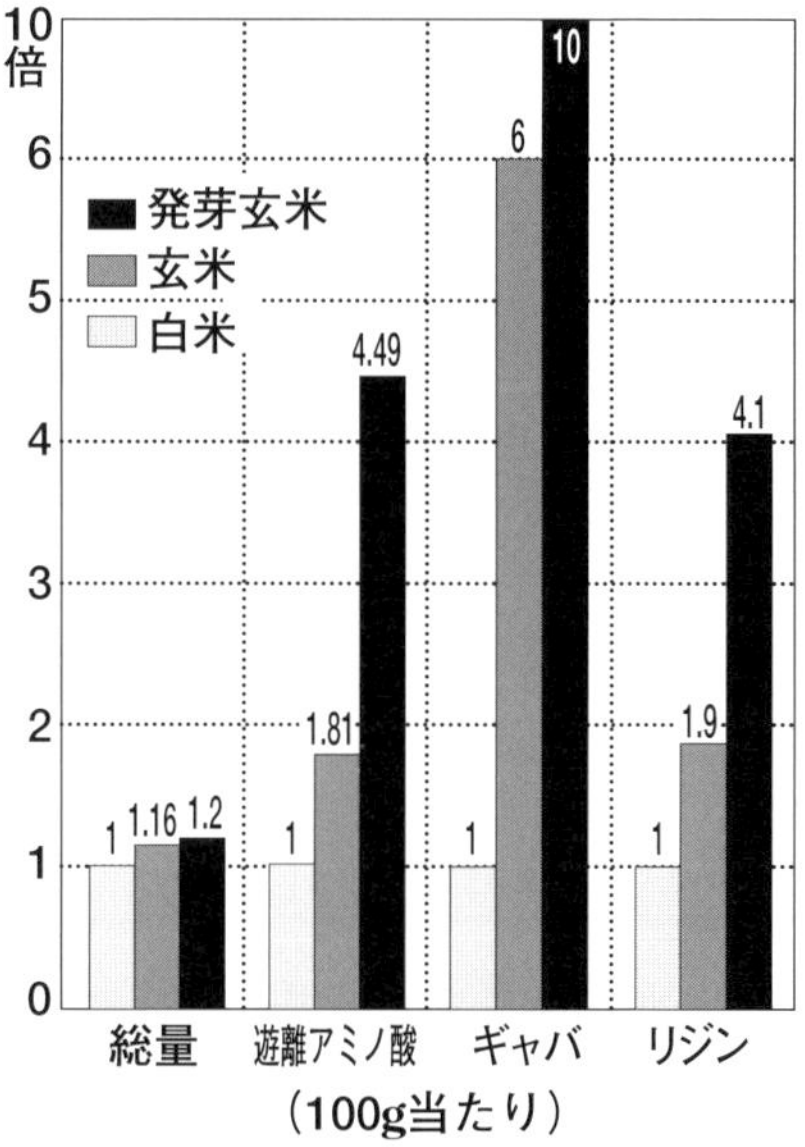

図表5　ギャバの多彩な効果

	ガンマ-アミノ酪酸＝通称GABA（ギャバ）。アミノ酸の一種で、天然に広く分布している。発芽時に、玄米に含まれている酵素の働きでグルタミン酸がギャバに変化する。
効果	●血圧を正常にする ●動脈硬化を抑える ●脳疾患の後遺症（頭痛や耳鳴りなど）を抑える ●中性脂肪の増加を抑制する ●イライラ、不眠、自律神経失調症、更年期障害、初老期精神障害に効果。鎮静作用 ●腎臓の働きを高める ●肝臓の働きをよくする

ているものは発芽します。ただし、ゆでたり炒ったりして火を入れたものや、胚芽を取り除いたものは発芽しません。

◆血液を浄化する「ギャバ」の力

発芽玄米の機能性を、白米や玄米と比較してみましょう。発芽玄米は白米に比べ、エネルギー、たんぱく質、糖質、ナトリウム以外のすべての栄養成分が増加しています（図表3）。カロリーや塩分はそのままで、栄養成分が増えているのです。しかも、増えた分は玄米にあって白米にはない胚芽の栄養成分かというと、それだけではありません。たとえばアミノ酸を見ると（図表4）、ガンマ‐アミノ酪酸（略してギャバ）は白米の約10倍、玄米の2倍近くに増加しています。

ギャバは近年注目の栄養成分で、血圧を下げて血糖値を自然に戻し、血液をサラサラにして、脳を含む全身への血流をよくする作用があります。高血圧、脳卒中、糖尿病、痴呆症などの予防効果の可能性が高いといわれています。

さらに注目したいのは、発芽玄米には必須アミノ酸の一つであるリジンが豊富なことです（図表4）。リジンは、子供の発育や骨格形成に必須の栄養素。全国で約1000校の学校給食にすでに発芽玄米が導入されています。

また、発芽玄米を食べて最初に効果があるのは便秘の解消です。これは、発芽玄米中には水溶性と不溶性の両方の食物繊維が豊富に含まれているからです。

図表6　発芽玄米の豊富な成分と効果

ガンマ-アミノ酪酸（通称ギャバ）		高すぎる血圧を下げる（血圧調節作用）・神経の鎮静・中性脂肪を抑える		
食物繊維		便秘・大腸がん・高コレステロール血症を予防		
強力で豊富な抗酸化物質	イノシトール	脂肪肝・動脈硬化を防ぐ		
	フェルラ酸	活性酸素を除く・メラニン色素の生成を抑える		
	トコトリエノール	活性酸素を除く・紫外線から肌を守る・コレステロールの増加を抑える		
	フィチン酸	抗酸化作用・貧血を防ぐ・高血圧を防ぐ・メラニン色素の生成を抑える		
吸収のよいミネラル	カリウム	高血圧を防ぐ	マグネシウム	心臓病を防ぐ
	カルシウム	骨粗鬆症を防ぐ	鉄	貧血を防ぐ
	亜鉛	動脈硬化を防ぐ		
PEP阻害物質		アルツハイマー病の予防・治療が期待できる		

◆がん予防や痴呆症にも効果が

ＩＰ６（イノシトールヘキサフォスフェイト、別名フィチン酸）は、最近米国で各種がんの予防・軽減化に卓越した効果があることが判明し、一躍話題になりました。ＩＰ６は、イノシトールというビタミンＢ群の一種と共存させると、相乗効果で素晴らしい効果を発揮することも知られていますが、幸い発芽玄米には両方とも豊富に含まれているので、発芽玄米を主食にすることで、がんの予防・軽減化が期待できます。

玄米中のＩＰ６は各種ミネラルと結合し、十分な効果が発揮されにくい状態で存在しているのですが、玄米を少し発芽させると、酵素の作用でＩＰ６とミネラルの結合が切れ、本来の機能が発揮されます。同時にミネラルも吸収されやすい状態になります。

高齢化社会でいちばんの社会問題となっている痴呆症は、脳の血管の詰まりから起こる脳血管型痴呆症と、原因がいまだ特定されていないアルツハイマー型痴呆症に大別され、前者はギャバの効能に期待が高まっています。さらに、アルツハイマー型痴呆症には、ＰＥＰ阻害物質（図表６）が期待できるという研究が進んでいます。このＰＥＰ阻害物質は、白米にも玄米にもほとんど含まれていない、発芽玄米特有の成分です。

（茅原）

古来より身近にあった発芽食

◆スプラウト野菜の今昔

発芽野菜の歴史は古く、５０００年前の古代中国でモヤシが栽培されていた記録が残っています。湿らせた穀物や大豆を土器の中で発芽させて５〜６日で収穫し、毎日ごはんに混ぜて食べていたとか。日本には、南北朝時代に中国から伝播して、薬（薬草）として利用されてきたようです。

またキャプテンクックは３年間に及ぶエンデバー号の航海中、緑の野菜が欠乏することの解決策として大量の大麦を船に積んで航海し、発芽させて緑葉にして食べ、ビタミン、ミネラル、食物繊維などを補給しました。

そして近年では、アメリカを中心に、スプラウトが食のひとつのトレンドになっています。１９９２年、アメリカで、ブロッコリーの中にがん予防および軽減化効果のあるスルフォラファンという物質が含まれていることが発見されたことが、ブームに火をつけました。スルフォラファンの生理作用の詳細も次第に明らかになりつつあり、日本でもスプラウト野菜が注目を浴びています。手軽においしく食べられるスプラウト野菜は、野菜不足解消の決め手として、今後ますます市場が広がっていくことでしょう。

◆戦国武士は発芽玄米を食べていた

いっぽう発芽玄米は商品化が進み、すでに大ブレイクのきざしを見せています。しかし発芽玄米は、実は近年になってから発明されたものではありません。

戦国時代の武将は、玄米をぬるま湯に一昼夜浸してから炊飯し、そのおにぎりとわずかなおかずを腰に下げて軍勢を率い、具足、かぶと、槍、刀を持って三日三晩戦場を駆け巡ったそうです。ぬるま湯に一昼夜浸した玄米は発芽していたはず。つまり戦国武士は発芽玄米を食べてパワーを発揮していたのです。

アメリカで人気の新野菜・ヒマワリのスプラウト

すなわち発芽玄米は、日本人が縄文時代から食し続けてきた、昔からの米の食べ方そのものなのです。おいしさを求めて白米を考案し、栄養価と新たなおいしさを再発見して玄米へと戻り、さらに発展して発芽玄米が見直されているという流れです。米食が進化した結果、古来の正しい米食にリバイバルしているのだともいえるでしょう。

古来からの思想に「身土不二」や「一物全体」という考え方があります。食べ物にも人間の体にも生まれ育った土地の風土が宿っており、地元でとれたものを食べるのが人の健康によい、また生命は個体全体でバランスを保っているので食物は部分でなく丸ごと食べるのがよい、という考え方です。

　これらの考え方は、発芽食そのものにあてはまります。自分たちの住んでいる土地で栽培された植物を発芽させ、丸ごと食することが健康維持に役立つ。それが発芽食の魅力です。

（茅原）

◆スプラウトは21世紀の食卓を救う

　生活習慣病やアレルギーなど厄介な病気に悩まされた結果、自分の健康管理は自分でするのが本来の姿だと気づき、ライフスタイルを考え直す人が増えてきました。当然、毎日食べる食物にも関心が高まっています。

　現代人の食習慣は、カロリー、たんぱく質、脂肪のとりすぎ、ミネラル、ビタミン、繊維は不足と専門家は忠告しています。不足の栄養素を最近流行のサプリメントでまかなおうとしても、多すぎたり不足したり、なかなか面倒です。そこで「生きたサプリメント」であるスプラウトを食べ、身近で手軽に不足がちのビタミンやミネラルの確保を実現しようというのが、発芽食の提案です。

　近年、均一化されたファストフード全盛の食文化を見直し、失われつつある郷土料理や質の高い食品を取り戻そうというスローフード運動が盛んになってきました。スーパーの食品はどこでつくられているのか、源流である農村の土、水、光、空気に関心を持ち、それらが食物を生み出していることを思い出してみましょう。

　発芽玄米は日本の素晴らしいスローフード。豆類や野菜の種子も一年中安定して比較的安価に入手することができ、家庭でも簡単に栽培ができます。ビタミンやミネラルの宝庫である発芽食は、21世紀の食卓の強い味方です。（片岡）

図7　主なスプラウト野菜とその栄養

小豆	Adzuki	良質のたんぱく質:鉄:ビタミンC
アルファルファ	Alfalfa	ビタミンA,B,C,E,K:ミネラルと微量元素が豊富
アーモンド	Almond	たんぱく質:脂肪:ミネラルが豊富:ビタミンB,C
キャベツ	Cabbage	ビタミンA,C,U:微量元素
ひよこ豆	Chick Pea	炭水化物:繊維質:たんぱく質:ミネラル
クローバー	Clover	ビタミンA,C:微量元素
とうもろこし	Corn	炭水化物:繊維質:ミネラル:ビタミンA,B,E
フェネグリーク	Fenugreek	鉄:リン:微量元素が豊富
緑豆	GreenPea	炭水化物:繊維質:ミネラル:ビタミンA,C
レンティル	Lentil	豊富なプロテイン:鉄とその他のミネラル:ビタミンC
きび	Millet	炭水化物:繊維質:ビタミンB,E:たんぱく質
ムング豆	Mung	良質のたんぱく質:鉄:カリウム:ビタミンC
マスタード	Mustard	マスタードオイル:ビタミンA,C:ミネラル
オーツ麦	Oats	ビタミンB,E:プロテイン:炭水化物:繊維質:ミネラル
かぼちゃ	Pumpkin	たんぱく質:脂質:ビタミンE:リン:鉄:亜鉛
ラディッシュ	Radish	カリウム:ビタミンC
ライ麦	Rye	ビタミンB,E:ミネラル:たんぱく質:炭水化物
ごま	Sesame	豊富なプロテイン:カルシウムとその他のミネラル:ビタミンB,E:脂肪:繊維質
ひまわり	Sunflower	豊富なミネラル:脂肪:たんぱく質:ビタミンB,E
ウオータークレス	Water Cress	ビタミンA,C,U:ミネラル
小麦	Wheat	炭水化物:たんぱく質:ビタミンB,E:リン

注)『Sprouts The Miracle Food』(Steve Meyerowitz)より

台所の片隅で新鮮スプラウト

◆水やりするだけの簡単栽培

スプラウト野菜を育てるのはとても簡単。、台所の片隅や窓際などのちょっとしたスペースで、トレイなどに種を蒔き、水やりをするだけです。

植物の栽培条件は一般には温度、光、水ですが、発芽に光は直接関係がなく、発芽時はむしろ直射日光は当てずに育てるものなので、日当たりも必要ありません。間接日光や蛍光灯の光で大丈夫。土のない都会暮らしの人でも、手軽にチャレンジできます。

また、季節を問わず一年中栽培できて、天候に左右されないのも大きな魅力です。ご自分のペースで、欲しいだけの量を好きな時期に育てることができます。

約1週間と比較的短期間で緑のかわいい野菜がぎっしり育ちます。完全無農薬で、フレッシュな「ビタミンの宝庫」です。その栄養成分が最大になったとき、ひょいと手でつまんで収穫し、さっと洗って食卓へ。それが発芽食の提案する新しいライフスタイルです。

調理しているすぐそばから野菜を収穫するわけですから、鮮度は抜群。スーパーの店先に並んでいる野菜の鮮度の比ではありません。数日ずつずらして栽培すれば、いつでも新鮮なスプラウトが食べられます。

◆食べられる観葉植物

またスプラウトを育てるもうひとつの楽しみは、栽培の楽しさを味わえることです。

緑でいっぱいになった栽培用のシャーレは実にフレッシュ。窓辺に置いてみるとみんなが注目し、かわいい！などと絶賛の声が集まります。インテリア代わりにもなり、まさに「食べられる観葉植物」です。

毎日水やりして手入れするうちに、日ごとの生長を見る楽しさが生まれます。発芽したあと新芽（発芽後3～4日）→若芽（5～7日）→緑葉（8～12日）と生長していくので、その生長ぶりを楽しんでください。子供と一緒に観察日記を書くのもいいでしょう。

無農薬、無肥料の清浄野菜を存分に楽しむ発芽食ライフの新しい扉を開いてみましょう。

（片岡）

小麦若葉を青竹で育て、おしゃれなインテリアに

第2章

発芽食の種類と発芽食レシピ

part 1 発芽食の種類

スプラウト野菜GRAFFITI

5cmほどの小さな若芽はビタミンとミネラルの宝庫。スプラウト野菜は、生きたサプリメントです。

＊円内は種子の状態

アルファルファ

糸のように細いけれども歯ごたえはシャッキリ。欧米では「モヤシの王」「食料の父」と呼ばれています

ブロッコリースプラウト

ほのかな甘みのあるマイルドな味。抗がん作用があると注目の酵素スルフォラファンを豊富に含む注目株

ヒマワリ

太めの茎と肉厚で明るい緑色の葉。日本ではまだあまりなじみがありませんが、欧米では人気の高いスプラウトです

フェヌグリーク（コロハ）

カレーのような芳香とマイルドな風味が特徴。中近東やインドで、古くからモヤシや野菜として食べられていた食材です

ラディッシュスプラウト

茎は太めで薄紫色で美しく、カイワレダイコンによく似た食べやすい風味。体内を清浄にし、スリムにする効果があるといわれています

マスタードスプラウト

ピリッとスパイシーで刺激的な味。それもそのはず、ご存じカラシのスプラウトです。殺菌作用や血液を浄化する作用も

クレス

噛むとピリッと辛く、カイワレダイコンより刺激的でスパイシーな辛みです。野菜のクレソンとは親戚ですが別種です

レッドキャベツスプラウト

鮮やかな深紫色の茎が美しく、クセがないので、どんな料理にもぴったりです。消化を助け健胃効果のある酵素が豊富です

栄養たっぷりスプラウト野菜

●ブロッコリースプラウト

マイルドな風味でサラダやサンドイッチ、スープなど、どんな料理にもよく合います。

ブロッコリーに豊富に含まれ、がんの予防や軽減化の効果があると注目の酵素スルフォラファンには、さらに抗酸化作用や、胃潰瘍や十二指腸潰瘍を引き起こすピロリ菌に対して殺菌効果があることもわかってきました。

ブロッコリースプラウトに含まれるスルフォラファンは、成熟したブロッコリーの約10倍。1日約30gのブロッコリースプラウトを食べれば、がん予防効果があると報告されています。

とくに発芽して3日目のまだ緑化していないものが、スルフォラファン効果が最大といわれ、「ブロッコリースーパースプラウト」という名称で市販されています。

●アルファルファ

アメリカ人の大好きなスプラウトで、アメリカのハンバーガーには、必ずといっていいほど、このアルファルファが山のようにのせてあります。多少青臭いほろ苦さがありますが、それは新鮮であるがゆえの風味です。

ヨーロッパ地中海沿岸地方原産の多年草で、和名はウマゴヤシ。もともとは、アラブ人がサラブレッドの飼育に利用していた植物です。アルファルファという名前も、アラブ語で「よいまぐさ（飼料）」という言葉に由来しています。

豊富なたんぱく質とカロチンを含み、たんぱく質の含有率は、水分を除く栄養成分のなんと35％。またビタミンCは、カップ半分ほどでしぼりたてのオレンジジュース6杯分に相当するほどで、まさに総合栄養食品。さらに血液中のコレステロールを下げる効果もあります。

●フェヌグリーク（コロハ）

和名はコロハ。南ヨーロッパおよびアジア原産のマメ科の一年草で、種子はスパイスとしてカレーの風味づけに使われています。

たんぱく質、ビタミンA、鉄分が豊富で、サポニン（薬用ニンジンなどに含まれている成分）、リン、コリンなども含まれています。インドや中近東では昔から滋養強壮、栄養補給、食欲増進、解熱に効果がある民間薬として使われています。腸内にたまるガスを予防する効果もあるといわれています。

また最近欧米では、種皮に含まれるステロイドサポニンが、体内で女性ホルモンに変わってバストを大きくしたり、母乳の出をよくする効果があるとして、健康食品として注目されています。

●ヒマワリ

新鮮な炒りたてのピーナッツとセロリを合わせたような味で、サラダにぴったり。欧米では人気の高いスプラウトで、これからの注目株です。

ビタミンB_1、B_2、Eなどが豊富で、鉄分、ミネラル類もバランスよく含みます。また、種子に含まれる脂質のほとんどが不飽和脂肪酸（リノール酸）で、悪玉コレステロールを低下させる働きを持っています。種子は中国の薬膳では滋養強壮効果があるといわれています。

●マスタードスプラウト

ピリッとした風味で、サンドイッチやホットドック、サラダやスープなどに加えると味が引き立ちます。

ビタミンB群や鉄分、ミネラルが多く、酵素類やホルモンも豊富です。腸内細菌によい刺激を与え、血液を浄化し、体細胞を活性化させるほか、アトピー性湿疹などの皮膚病にも効果があるといわれています。種子から出る精油には抗菌作用があり、他のスプラウトを栽培するときに少し混ぜると、カビの繁殖を防いでくれます。

豊富な栄養価と、つまんで料理にのせるだけの手軽さとが人気上昇の秘密

●ラディッシュスプラウト

和名はハツカダイコン。直径2㎝ほどの赤いミニダイコンのスプラウトです。カイワレダイコンとは親戚ですから当然ながらよく似た風味で、サラダや薬味など、いろいろな料理に利用できます。

ビタミンA、B_1、C、鉄分、リンが豊富で、抗菌作用や血液をきれいにする働きがあります。

●レッドキャベツスプラウト

ほんのり甘くてクセがなく、よく噛みしめると確かにキャベツの味がします。茎の色が美しいので、サラダのトッピングに使うと素晴らしいアクセントになります。

胃にやさしい酵素が豊富なので、肉料理のつけ合わせにおすすめです。

●クレス

ピリリと辛くスパイシーな味わいは、サラダやサンドイッチ、洋風料理のつけ合わせにぴったりです。和名はコショウソウ。イラン原産の一年草で、種子は赤褐色で辛みがあり、香辛料として使われています。

ビタミンC、Eがとくに豊富で、ビタミンB_1、K、カロチンも比較的多く含んでいます。体調を整え胃腸の働きを助け、利尿作用や赤血球の形成を促す働きがあります。

発芽玄米と発芽穀物GRAFFITI

人気の発芽玄米は、玄米のスプラウトです。そのほかに発芽ソバや発芽小麦なども脚光を浴びています。

＊円内は種子の状態

発芽紫黒米

縁起のよい出世米として皇室御用米にもなった古代米。紫黒色のアントシアニン色素に生活慣習病を予防する抗酸化作用があります

発芽玄米

胚芽部分にほんの少し（0.5～1㎜）、ツノが出る程度に発芽させることで、玄米の栄養価が飛躍的にアップ。調理しやすく消化もよいのが魅力です

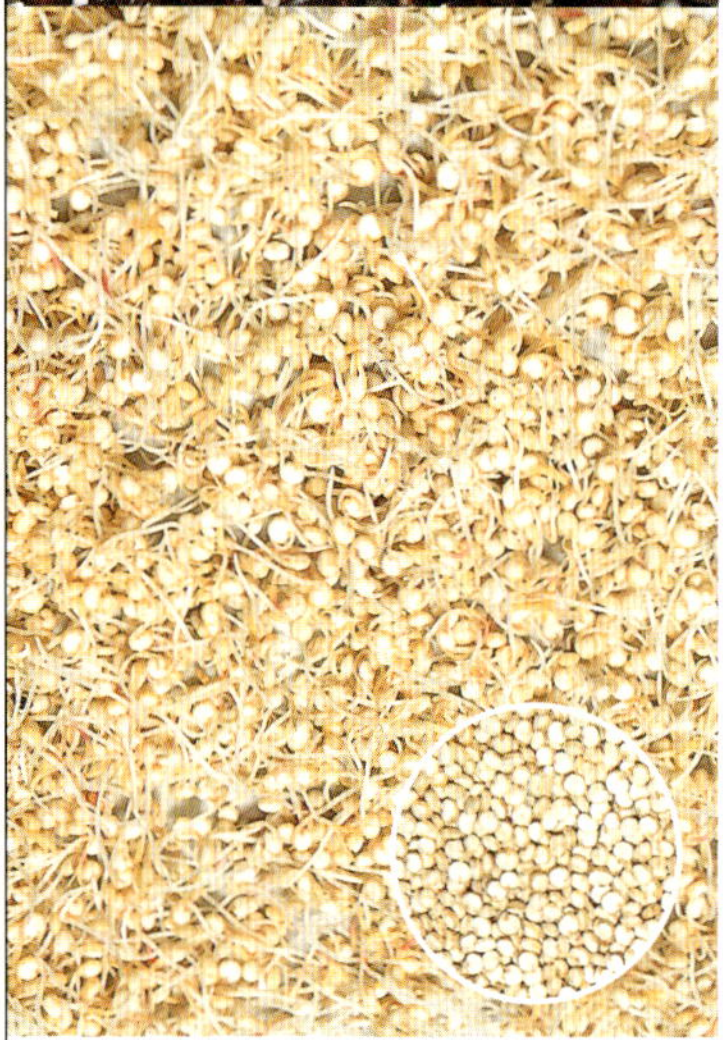

発芽キヌア

アメリカ・NASA（宇宙開発局）の宇宙食にも推奨された栄養バランスのよい穀物。短時間で発芽し、クセのない食べやすい味です

発芽ワイルドライス

名前は「ライス」ですが、実はマコモの仲間であるザイザニア・アクアティカという植物の種子です。殻の中で細い芽を出して発芽しています

発芽小麦

ほのかな甘みと芳香があります。小麦若葉はサラダやジュースだけでなく体の浄化作用があり、民間治療食としても使われています

発芽ソバ

さわやかな芳香があります。カイワレダイコン状まで伸長させたものは、最近「そばの新芽」という名で市販されています

発芽大麦

弾力のあるプチプチとした食感が魅力。焙煎して乾燥させると、ビールや水飴の原料の麦芽になります

発芽ライ麦

小麦より細長く、ややくすんだ色合いをしています。日本ではやや入手しにくいですが、食物繊維とビタミンB_1が多いのが魅力です

注目の発芽玄米と発芽穀物

●発芽玄米

発芽することによって増加する有効成分のギャバ（ガンマ-アミノ酪酸）は、最近話題の栄養素。血圧降下作用や、血液をサラサラにして脳を含む全身への血流をよくする効果があります。また豊富な食物繊維が便秘を解消し、新陳代謝の改善にも役立ちます。ミネラル、ビタミンE、ビタミンB_1も豊富です（詳細はP11～13）。

●発芽紫黒米

古代米の一種。皮の部分に含まれるアントシアニン色素には、血管を保護して動脈効果を予防し、発がんの抑制に関係する抗酸化作用が認められています。中国薬膳料理では、黒米がゆは精力増強、胃腸強壮、造血作用に効果があるとされています。

発芽玄米同様に0.5～1㎜程度発芽させて、白米に混ぜて炊けば赤紫色のごはんに。また、浸水～発芽でやわらかくなっているので、生のままサラダのトッピングにも使えます。

●発芽ワイルドライス

黒っぽく細長い殻で覆われ、さくさくした食感とヘーゼルナッツのような香ばしい風味があります。

栄養価は極めて高く、たんぱく質は玄米の2.5倍、鉄分は2倍。ビタミンB_6、リボフラビン、葉酸、ナイアシン、亜鉛、マグネシウム、カリウム、リン、銅、食物繊維質が豊富。脂肪分は少なく、消化のよい穀物です。

発芽前は非常にかたく、ゆでるのに時間がかかりますが、発芽させると早くゆであがります。水やスープでゆでて、そのまま、またはバターやグレープシードオイルで軽く炒め、肉料理のつけ合わせやサラダにどうぞ。

●発芽キヌア

キヌアはアワやキビに似ていますが、ホウレンソウと同じアカザ科の一年草。南米ペルーを中心としたアンデス高地で数千年も主食として食べ継がれてきました。

たんぱく質、食物繊維、鉄分、カルシウム、マグネシウムなどのミネラルやビタミン類が豊富で、必須アミノ酸をバランスよく含んでいます。欧米で自然食品として脚光を浴び、とくにアレルギー疾患に悩む人々に注目されています。

浸水さえしてしまえば約3時間と短時間で発芽し、クセがないので扱いやすいスプラウトです。生のままサラダなどにお使いください。

●発芽大麦

発芽大麦は、やさしい香りとプチプチした食感が特徴。大麦は発芽によりアミラーゼの活性が強まり、デンプンを糖に変えることができるようになります。カルシウムと食物繊維も豊富で、消化器系の働きを助けて便秘を解消します。さっとゆでてサラダに。スープやリゾット、雑炊などにもぴったりです。

また緑葉になるまで育て、葉をハサミなどで切り取ってジュースにも利用できます。「大麦若葉青汁」の名称で市販もされており、「ケール」などの青汁より、一般に青臭くなく飲みやすいようです。

●発芽小麦

芳香があって甘い発芽小麦は、さっとゆでてサラダなどに。発芽小麦はビタミンC、E、ナイアシン、テアニン、パントテン酸に富み、リン、鉄分などのミネラルも含みます。食物繊維も豊富。また小麦は発芽により必須アミノ酸の量が増えます。

小麦若葉はビタミンB群が際だって多く、ビタミンE、カルシウム、鉄分も豊富。抗酸化作用もあります。

また小麦若葉のジュースに含まれる酵素とクロロフィルには、高い治癒（体の浄化）作用があることがわかってきました。アメリカでは、この小麦若葉ジュースが実際に治療食に使われているケースも多いようです。飲む以外に外用薬としても使われていて、化膿した傷にすり込んだり、腸の洗浄にも使われるケースがあります。

穀物は発芽によって栄養価が増すだけでなく、甘みが加わりおいしさもアップする

●発芽ライ麦

ドイツの黒パンで有名なライ麦は、独特の香りが特徴です。食物繊維とビタミンB_1が多く、ダイエットや糖尿病の予防食にも利用されています。

生のライ麦が手に入ったら、発芽させてさっとゆで、サラダなどに混ぜてお試しください。

●発芽ソバ

ソバには、血圧を下げ毛細血管を強くするルチンというポリフェノールが豊富に含まれていますが、発芽させると、このルチンが10倍から100倍に増えます。また発芽ソバには良質のたんぱく質やカリウム、マグネシウム、リンなどのミネラルも豊富に含まれています。

カイワレダイコン状に生長させたソバスプラウトは赤紫の茎が美しく、しゃっきりと食べやすい風味。最近「そばの新芽」などの名称でスーパーの店頭に並んでいます。ルチンは水溶性で、ゆで汁にどんどん溶け出してしまうのですが、その点、生で食べられるスプラウトは、ルチンの損失の心配がありません。

発芽豆類GRAFFITI

人気の発芽玄米は玄米のスプラウトです。そのほかに発芽ソバや発芽小麦なども脚光を浴びています。調理には発芽1㎜くらいのものを使うのが最良です。

＊円内は乾燥豆の状態

発芽黒豆

お正月の煮豆としてだけでなく、もっと日常的にいただきたいお豆です。スプラウトさせると早く煮えるので、調理が楽になります

発芽大豆

茎の伸びた豆モヤシはおなじみですが、ほんのちょっとツノが出る程度に発芽させた状態のものが、発芽パワー全開です

発芽ピーナッツ

生のピーナッツから発芽した芽の太さと力強さには驚きます。煮含めたり、ごはんに入れてみると、そのおいしさに改めて驚きます

発芽小豆

小豆ごはんやお赤飯も、発芽小豆を使えば栄養価が飛躍的にアップします

発芽エンドウ豆（グリンピース）

若芽は豆苗という名でおなじみの中国野菜。発芽したてのものは、さわやかな風味です

発芽ヒヨコ豆

乾燥豆はカチカチですが、煮るとほっこりとした栗のような味わいに。高たんぱくで低カロリー、ダイエット向きの食材です

発芽緑豆（ムング豆）

少し苦みのあるやさしい味。市販のモヤシや春雨の原料になっている豆です。短時間で発芽させることができます

橙色

緑色

緑褐色

発芽レンズ豆

旧約聖書にもその名が出てくるほど昔からあった豆。豆の色は緑色や緑褐色ですが、皮をむくと赤や橙色のものもあります。皮をむいたものでも発芽させることができます

調理がらくらく発芽豆類

●発芽大豆

「畑の肉」といわれる大豆は非常に優れたたんぱく源で、発芽させると早く煮え、消化もよくなります。茎を長めに伸ばしたものは豆モヤシという名で流通しています。大豆にはビタミンB、Cも豊富で、大豆レシチンは「脳の栄養素」ともいわれ、血管壁についた脂肪を溶かし、若返り効果のあるビタミンEの吸収を助けます。

　豆の部分がかたいので、食べる前に数分、蒸すか煮てください。ごはんに入れて炊いてもおいしいです。

●発芽黒豆

　黒大豆を発芽させたもので、紫黒色の豆に白い芽が出てくる姿は見た目にもきれい。大豆同様、発芽したものは栄養価が上がるうえ、煮炊きの時間が少なくてすみます。マッシュして餡にしても、おいしく食べられます。

●発芽小豆

　小豆は昔から日本人にとってなじみ深い食品です。主成分はデンプンとたんぱく質ですが、ビタミンB_1も豊富で、ビタミンB_2、ニコチン酸、カルシウム、リン、鉄も含みます。東洋医学では肉体疲労の回復、むくみや便秘、二日酔いなどに効果があるといわれています。

少し伸ばしてモヤシにすると、市販のモヤシ（発芽緑豆）によく似た風味になります。

●発芽ピーナッツ

　ピーナッツは別名落花生。豆類ですが、地中になる小さなひょうたんの中に身が入っています。炒ったり、バターピーナッツにして市販されているのが一般的ですが、残念ながらこれは発芽しません。

　生のピーナッツは豆類ですから芽が出て不思議はないのですが、初めて試みたときは、驚きとうれしさとで思わず歓声をあげてしまいました。その芽の力強いこと。ピーナッツは炒って食べる以外に、煮たり和え物にしたり、こんなにコクがあってほくほくとおいしい食べ方があることを知り、レパートリーが広がりました。ぜひ、生ピーナッツが手に入ったらお試しください。

●発芽緑豆

　別名ムング豆、マッペともいいます。簡単確実に、比較的早く発芽してくれる豆で、市販のモヤシや緑豆春雨の原料です。

　モヤシの安さからも推察できるように安価ですが、その栄養価は抜群。多量のビタミンEが含まれ、若返り効果があるといわれています。たんぱく質、ビタミンAやB群、C、種々のミネラル成分もたくさん含まれています。血流もよくして心臓にもよいといわれています。

●発芽エンドウ豆（グリンピース）

発芽したばかりのエンドウ豆は、とれたての豆をゆでたときのような、みずみずしい香りです。たんぱく質が豊富で、必須アミノ酸、ビタミンA、B、Cも含みます。スープ、サラダ、パスタなど、ほとんどの洋風料理によく合います。

もう少し育てて緑化したものは、「豆苗」という名で市販されています。食物繊維、ビタミン、ミネラルのバランスがよく、なかでも、ベータ‐カロチンが他の野菜と比べて群を抜いて多くなっています。

●発芽ヒヨコ豆

別名をガルバンゾー、チクピービーンズ、エジプト豆ともいいます。中心にヒヨコのくちばしのような突起物がある形状から、その名がついたといわれています。

良質のたんぱく質と豊富な食物繊維があり、発芽させるとビタミンA、E、植物ホルモンが増加します。ビタミンB、C、D、亜鉛や銅も含んでいます。

色も形もバラエティ豊かで、もちろん栄養たっぷりの豆類のスプラウトたち

乾燥豆を水に浸しておくと、胚芽が少しずつふくらんできます。水が腐敗しやすいので、こまめに（1日2～3回）水を取り替えてください。水切りして2日目には芽が出てきます。生豆には少々自然の毒素（アク）があり、やや苦みもあるので、ゆでてから料理するのが一般的ですが、少量なら生食しても無害です。

発芽した豆は煮えるのが早く、煮すぎると腹が割れて、おいしい部分が煮汁に溶け出してしまうので、少し腹が割れはじめたなというころが食べごろです。

●発芽レンズ豆

日本では料理に使われているのをほとんど見かけませんが、インド、トルコ、欧米などでよく食べられています。この豆の形がレンズに似ていることから名づけられたともいわれています。和名はヒラマメ。

発芽レンズ豆はたんぱく質が豊富で、発芽前よりビタミンC、Eが著しく増加します。ビタミンA、B群や、鉄、リン、カルシウムなどのミネラルも含みます。

薄くて小さいので、浸水30分で水切りして発芽させることができます。発芽は比較的早く、2～3日目には、長い白い芽が出てきます。豆同様に芽もやわらかく、乱暴に洗うと芽がちぎれてしまうので、あまり長く芽を伸ばさないように注意が必要です。

【発芽玄米】

◎発芽玄米のごはんを炊く

玄米は発芽させることで、格段に炊きやすく食べやすくなります。白米に発芽玄米を30～50％加えたごはんなら、一般の炊飯器で手軽に炊けます。発芽玄米１００％のごはんは圧力鍋で。もしくは玄米用の炊飯器を利用されてもよいでしょう。これまで玄米ごはんはちょっと苦手と思っていた方も、発芽玄米の消化のよさ、おいしさに驚かれると思います。

はじめは発芽玄米を30％混ぜるのが無難です

発芽玄米を50％まで増やせば、玄米ごはん本来の味わいが堪能できます

炊飯器で炊く
発芽玄米30％ごはん

白米に発芽玄米を混ぜて炊きます。発芽玄米30～50％なら、一般の炊飯器でふだん通りに炊けます。黄色いプチプチの発芽玄米がアクセントの、おいしいごはんに（つくり方P32）

発芽玄米30～50％なら、一般の炊飯器で簡単においしく炊けるのがうれしい

圧力鍋で炊く
発芽玄米100％ごはん

発芽玄米100％のごはんは、甘みが強くモチモチとした食感。消化もよくて胃もたれしません。便秘解消、ダイエット効果も。多めに炊いて冷凍しておくのが長く続けるコツ（つくり方P33）

発芽玄米100％。玄米より栄養価がアップし、食感、味わいともによいのが魅力

発芽玄米100％で炊く場合は、一般の炊飯器より圧力鍋が適しています。最近は玄米用の炊飯器も市販されているので、それを使用されてもよいでしょう

発芽玄米30％ごはん

●手軽に炊けて、しかもおいしい

健康ブームの昨今、玄米食に関心を持っている人は少なくありません。しかし実際にいま、日本で玄米を主食として食べているのは、1億2700万人の中の0.2％、つまり約25万人です。玄米のよさを知識としては知っていても実行できないというのが現状なのです。

なぜなら玄米は炊飯に手間がかかるうえ、炊飯してもかたくて食べにくく、一般には食べてもおいしくない、消化がよくないという欠点があるからです。しかし、発芽玄米は玄米の栄養価をさらに増やし、かつ白米のように炊飯器で手軽に炊けて、しかもおいしい。玄米食から得られる素晴らしい恩恵をさらに享受できるお米なのです。（茅原）

●基本の炊き方

毎日の主食を白米から玄米に替えるだけで便通がよくなった、風邪をひかなくなったとその効果を語る人は多くいますが、かたくてボソボソ、よく噛まなくてはいけないので続けられなかった、という話もよく聞きます。発芽玄米は、その欠点を見事に解消し、食べやすくおいしくなるという利点があります。

初めて発芽玄米に挑戦される方は、まず白米に約3割の発芽玄米を加え、ご家庭の炊飯器でいつもの炊き方でお試しになることをおすすめします。慣れたら5割まで増やすと、さらに発芽玄米の素晴らしさを実感できるはずです。少し多めに（5～7人分程度。以下、ごはんについてはすべて同じ分量で記載）炊いて冷凍しておくと便利です。

ご家族の中で発芽玄米は苦手という方がいる場合、白米だけを釜に入れ、その上に発芽玄米をそっとのせて炊くと、下は白米だけになります。二層に分かれますので、別々に炊く必要はありません。（片岡）

プチプチした食感が魅力の発芽玄米30％ごはん

【材料】白米3.5合、発芽玄米（購入したものでも可）1.5合

【つくり方】①発芽玄米を手でほぐす。

②白米と発芽玄米を内釜に入れ、一緒に洗う。

③炊飯器の目盛りどおりに水加減をして30分おいて吸水させ、スイッチを入れる。

④炊き上がったら蒸らし、しゃもじで上下を返して混ぜる。

圧力鍋で炊く
発芽玄米100％ごはん

●多めに炊いて冷凍庫で保存

白米を混ぜずに発芽玄米100％で炊く場合は、一般の炊飯器より圧力鍋がおすすめです。

発芽玄米を３割混ぜた場合よりモチモチとした仕上がりで、まるで、もち米を入れたようになります。消化も非常によく甘みが増します。毎日食べると腹もちがよいので食べる量が減り、ダイエット効果も。便通がよくなるので、いつもお腹がすっきりとして爽快です。色が白くなり、肌の状態がよくなったという人もいます。多めに炊いて必要量に小分けして冷凍しておくと便利。２週間はもちます。

おむすびにして冷凍しておき、お弁当用に凍ったまま持参するのもおすすめです。昼には解凍されて食べごろに。慣れると思いのほか手軽で便利です。多めに炊いて冷凍する方法で実践するのが長続きのコツです。多くの人が「おいしい！　これが玄米！」と感動されるので、自信を持っておすすめします。（片岡）

●基本の炊き方

【材料】　発芽玄米５カップ（１０００cc）、水550cc、塩小さじ１

【つくり方（平和式の圧力鍋の場合）】

①発芽玄米を、両手で拝むようにしてもみ洗いし、ざるにあげて水けをきっておく。

②圧力鍋の内鍋に発芽玄米を入れ、分量の水を加える。

③泡立て器で混ぜながら塩を少しずつ加え、３分間静かに混ぜ続ける。

④外鍋に300cc（分量外）の水を入れ、内鍋をセットしふたをして、分銅をのせて火にかける。炎の中央に鍋があるかどうか、左右前後をよく確認する。

⑤強火で約10分加熱して、分銅が動きはじめたら、炎の先がやっと鍋底に届く程度に火を弱める。

⑥15分ほどして分銅の動きが止まったら、さらに火を弱めて10分加熱して火を止める。

⑦そのまま50分おいて蒸らし、ふたを開ける。黄金色のごはんがこんもりとし、中央が山になっていたらおいしく炊けている。しゃもじで切るようにしてさっくりと混ぜ、ジャーかおひつにとる。

モチモチした食感で噛みしめるごとに甘さが増す、発芽玄米100％ごはん

◎発芽玄米と発芽豆たっぷりごはん

お赤飯のような味わい
発芽小豆ごはん

黄金色の発芽玄米を小豆の赤紫色が染めて、まるでお赤飯のよう。味わい、見た目ともに抜群（つくり方P36）

ビタミンB_1が豊富で疲労回復効果のある発芽小豆

噛むほどに甘い
発芽大豆ごはん

大豆の甘みで、発芽玄米の自然の甘みがさらに増し、味わいの深いごはんになります（つくり方P36）

発芽してうまみを増した発芽大豆

ほっくりコクのある
発芽ピーナッツごはん

生のピーナッツは渋皮つきで赤紫色。炊くとホクホクに。生が出回るシーズン限定の、コクのあるごはんです（つくり方P37）

力強い芽が感動的な発芽ピーナッツ

独特の甘みが魅力
発芽ヒヨコ豆ごはん

ヒヨコ豆は、欧米ではサラダやシチューによく使われます。実はごはんに炊き込むと、とても美味。やさしい味わいに（つくり方P37）

ほっこりとして、クリのような甘みのある発芽ヒヨコ豆

お赤飯のような味わい

発芽小豆ごはん

●圧力鍋を使って炊く

発芽玄米100％ごはんに小豆を炊き込みます。炊きたてももちろんおいしいのですが、1日たってもおいしさは変わらず、さらに赤みが深くなります。多めにつくって翌日もいただくか、残った分を冷凍保存することをおすすめします。押し型で扇や銀杏の形に抜くと、おもてなし料理にもなります。炒った黒ゴマや白ゴマをかけると、味も見た目もよくなります。

【材料】 発芽玄米5カップ、発芽小豆1カップ、白ゴマ1/2カップ、塩小さじ1、水730cc

【つくり方】 ①発芽玄米を、両手で拝むようにしてもみ洗いし、ざるに上げて水けをきっておく。

②発芽小豆は洗ってざるにあげておく。

③圧力鍋に①②と分量の水を入れ、塩を少しずつ入れながら、泡立て器で静かに3分間混ぜる。

④白ゴマも加え、発芽玄米100％ごはんの基本の炊き方（P33）に従って炊く。

⑤蒸らし終わってふたを開けると、小豆が表面に集まっているので、しゃもじで半分に切るようにして半量をボウルにとり、小豆がつぶれないように混ぜる。残りの半分は鍋で混ぜ、後で合わせる。

発芽小豆ごはんは、まるで発芽玄米のお赤飯

噛むほどに甘い

発芽大豆ごはん

●自然の甘みと豆の歯ごたえ

発芽玄米ごはんには自然の甘みがありますが、大豆が入ると、ほんのりした甘みがさらに加わります。

【材料】 発芽玄米5カップ、発芽大豆1カップ、塩小さじ1、水750cc

【つくり方】 ①発芽玄米を拝み洗いする。

②発芽大豆は洗ってざるにあげておく。

③圧力鍋の内鍋に①②を入れ、分量の水を注ぐ。

④塩を少しずつ入れながら、泡立て器で静かに混ぜる。

⑤発芽玄米100％ごはんの基本の炊き方（P33）に従って炊く。

ほっくりコクのある

発芽ピーナッツごはん

●生のピーナッツを発芽させて

旬の時期には、スーパーなどでもときおり生のピーナッツを見かけます。これを発芽させて発芽玄米ごはんに入れて炊くと、みんな「これは何?」と不思議がり、次には「おいしい!」の大合唱となります。

【材料】 発芽玄米5カップ、発芽ピーナッツ（渋皮がついたまま）1カップ、塩小さじ1、水750cc

【つくり方】 ①発芽玄米を拝み洗いする。

②発芽ピーナッツは洗ってざるにあげておく。

③①②を圧力鍋の内鍋に入れ、分量の水を注ぐ。

④塩を少しずつ入れながら、泡立て器で静かに混ぜる。

⑤発芽玄米100%ごはんの基本の炊き方（P33）に従って炊く。

⑥蒸らし終わってふたを開けると、ピーナッツが上部にまとまってのっているので、静かにごはんを切るように、しゃもじで混ぜる。

もっちりとおいしい発芽ピーナッツごはん

独特の甘みが魅力

発芽ヒヨコ豆ごはん

●やさしい味の新食感豆ごはん

日本人にはあまりなじみがなく、サラダに入れるくらいしか使い道をご存じない方が多いヒヨコ豆ですが、ホロホロとした食感で独特の甘みがあるおいしい豆です。ごはんに炊き込んでもとてもおいしく、ホッとするような、やさしい味わいになります。

【材料】 発芽玄米5カップ、発芽ヒヨコ豆1カップ、塩小さじ1、水750cc

【つくり方】 ①発芽玄米を拝み洗いする。

②発芽ヒヨコ豆は洗ってざるに上げておく

③①②を圧力鍋の内鍋に入れ、分量の水を注ぐ。

④塩を少しずつ入れながら、泡立て器で静かに混ぜる。

⑤ほかのごはんと同様、圧力鍋を使って炊く（P33）。

◎発芽玄米ごはんでつくるメニュー

香ばしさが決め手

発芽玄米の焼きおにぎり

ほんのり焦げた発芽玄米の香ばしいこと。白米の焼きおにぎりより軽く、風味よく焼き上がります（つくり方P40）

玄米だからおいしい

梅酢風味の稲荷ずし

発芽玄米ごはんを梅酢でさっぱりとしたすし飯に仕立て、具を混ぜ込んで稲荷ずしに。ボリューム感がありますが、胃もたれしません（つくり方P40）

具にラディッシュスプラウトを加えて。ピリッとしてワサビのような風味

ダイエットに最適

少量で満足の五目ごはん

塩味で炊きますが、発芽玄米ごはんの味で、しょうゆ味のごはんのような色合いに。よく噛んで食べれば、少量でも満腹に（つくり方P41）

豆乳ソースをかけた

発芽ライスグラタン

白米よりあっさりした風味の発芽玄米ごはんは、グラタンやライスサラダなどの洋風料理によく合います（つくり方P41）

香ばしさが決め手

発芽玄米の焼きおにぎり

●みそやしょうゆを両面に

お弁当や子供のおやつ、小腹のすいたときのおやつ代わりにどうぞ。

［材料・8個分］ 発芽玄米30％ごはん（炊き方P32）茶碗4杯、みそ・しょうゆ各適量

［つくり方］ ①みそは水少々を加え溶きのばしておく。
②発芽玄米30％ごはんを、かための三角むすびに握り、両面に少し焦げ目がつく程度まで焼く。ガスレンジの魚焼き器を利用すると簡単にできる。
③熱いうちに、両面にしょうゆと①を平均に塗る。
④再び火にかけて焼く。少し焦げ目がついて、いい香りがしてきたら出来上がり。

玄米だからおいしい

梅酢風味の稲荷ずし

●梅酢風味でさっぱりと

発芽玄米ごはんを梅酢味にしてつくる甘くないおすしは、なかなかのおいしさ。ごはんの甘みと噛みごたえがたまりません。「おすしは銀シャリ（白いごはん）に限る」という人にも、ぜひ味わっていただきたい一品です。刻んで混ぜたラディッシュスプラウトのピリッとした風味も、いいアクセントになります。

［材料・16個分］ 発芽玄米30％ごはん（炊き方P32）500g、すりゴマ20g、A〈梅酢15cc、みりん15cc〉、ゴボウ50g、ニンジン50g、B〈だし250cc、みりん50cc、しょうゆ45cc〉、油揚げ16個分（半分に切って使う大きさの油揚げなら8枚）、C〈だし60cc、しょうゆ大さじ2、みりん80cc〉、ラディッシュスプラウト20g

［つくり方］ ①まず、すし飯をつくる。温かい発芽玄米ごはんにすりゴマをふり入れ、Aをまわしながらふりかけ、しゃもじで切るように混ぜる。
②ゴボウはタワシでよく洗い、皮つきのまま、太いものは¼に割ってささがきに。ニンジンも細切りにする。
③②のゴボウとニンジンをBの調味料で煮含める。
④油揚げは熱湯で1分煮て油抜きをして、ざるにあげる。まな板の上にのせ、めん棒を転がしながら押さえてから（余分な水分と油がとれ、油揚げも開きやすくなる）、Cの調味料で煮含める。
⑤すし飯に汁けをきった③と刻んだラディッシュスプラウトを混ぜてにぎり、油揚げに詰めて盛りつける。

ダイエットに最適

少量で満足の五目ごはん

●噛みしめるごとにおいしさが増す

コクがあるので、たくさん食べなくても満腹感がでます。汁物と野菜のおひたしなどをつければ、ヘルシーなお昼ごはんになります。

【材料・4人分】発芽玄米100％ごはん（炊き方P33）茶碗4杯、ニンジン50g（小さないちょう切り）、ゴボウ50g（ささがき）、コンニャク50g（細い短冊切り）、芽ヒジキ（水でもどしたもの）30g、油揚げ（油抜きして短冊切り）2枚、干しシイタケ（水でもどしてせん切り）中2枚、合わせ調味料〈だし250cc、みりん50cc、しょうゆ40cc、塩小さじ1/2〉、海苔少々

【つくり方】①具の材料であるニンジン、ゴボウ、コンニャク、芽ヒジキ、油揚げ、干しシイタケを鍋に入れ、合わせ調味料を加えて火にかける。アクをとりながら、水分がなくなるまで煮含める。

②炊いておいた発芽玄米ごはんに、①の煮含めた具を入れて混ぜ合わせ、器に盛って、きざみ海苔を散らす。

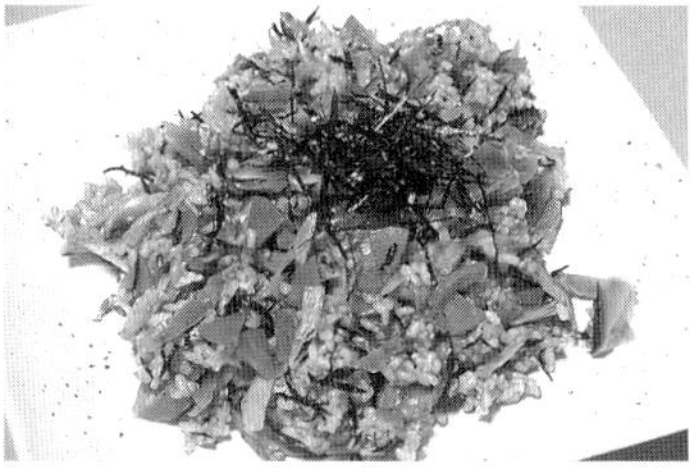

ヘルシーな五目ごはん

豆乳ソースをかけた

発芽ライスグラタン

●豆乳仕立てでさらにヘルシー

とくに若い人に好まれるグラタン。豆乳やナッツをベースにヘルシーなソースをつくってみました。豆乳の代わりに牛乳でもかまいません。

【材料・4人分】発芽玄米30％ごはん（炊き方P32）500g、カボチャ180g、サツマイモ180g、タマネギ150g、コーン（ホール缶）100g、カシューナッツ100g、豆乳（または牛乳）3カップ、塩大さじ1、パン粉（目の粗いもの）大さじ5、バター少々

【つくり方】①カボチャとサツマイモを蒸す。蒸しあがったら、カボチャはくし形に切ってから1cm厚さに、サツマイモは5mm厚さに切る。

②カシューナッツは熱湯をかけ、ざるにあげて水けをきる。くし形に切ったタマネギとともにミキサーにかけ、豆乳と塩を加えてクリーム状にする。

③バターを塗ったグラタン皿に発芽玄米ごはんを入れ、①とコーンをのせ、②をひたひたにまわし入れる。

④パン粉をふりかけ、200℃のオーブンで焼く。こんがり焼き色がつき、中も熱々になれば出来上がり。

【発芽大麦】

生きた大麦の食感

発芽麦ごはん

普通の麦ごはんは白米に押し麦を混ぜて炊きますが、発芽大麦を混ぜて炊いた栄養抜群のごはんです（つくり方P44）

プチプチした食感がひと味違う発芽大麦

野菜たっぷり

発芽大麦のリゾット

発芽ヒヨコ豆も加えてやさしい味のリゾットに。カボチャやタマネギの風味も生きて（つくり方P44）

ゴマソースをプラス

発芽大麦プチプチサラダ

口に入れると発芽大麦がプチプチとはじける、楽しいサラダです。ゴマ風味のドレッシングをかけて（つくり方P45）

豆乳仕立てでヘルシー

発芽大麦スープ

消化のいい発芽大麦をやわらかく煮て、豆乳仕立てにしたクリーミーなスープ。発芽大麦のほんのりした自然の甘さが生きています（つくり方P45）

生きた大麦の食感

発芽麦ごはん

●芽を出す麦のごはん

麦ごはん用に市販されている押し麦の材料は大麦ですが、熱処理してあるので芽を出しません。自然食品店などで大麦の丸粒を見つけたら発芽させてみてください。プチプチとした食感とやさしい香りが、押し麦でつくった麦ごはんとはひと味違います。この発芽麦ごはんを、グラタンやライスサラダに使ってもおいしいです。

【材料】白米4合、発芽大麦1合、塩小さじ1

【つくり方】①白米と発芽大麦を混ぜて洗う。

②炊飯器の目盛りどおりに水加減して、分量の塩を加えてよく混ぜ、30分浸水させて炊く。

③炊きあがったら、よく蒸らす。

野菜たっぷり

発芽大麦のリゾット

●体の芯まで温まる

やわらかーく炊いてもプチプチ感を残し、さっと炊いても美味ですから、好みで仕上げましょう。寒い日や、簡単な食事しか準備できないときにもうってつけです。

【材料・4人分】発芽大麦400g、発芽ヒヨコ豆400g、カボチャ（乱切り）200g、タマネギ（くし形切り）200g、ピーマン（細切り）50g、塩小さじ1、豆乳1カップ、バター40g、溶けるチーズ50g、長ネギの青い部分少々、パセリ少々

【つくり方】①発芽大麦と発芽ヒヨコ豆はさっと洗い、水を入れた鍋に入れて火にかけ、ゆでる。ゆで汁はとっておく。

②鍋に①のゆで汁2½カップを入れ、カボチャとタマネギを入れて煮る。

③カボチャがやわらかく煮えたら①を加え、ゆっくり煮含めて塩をふり、豆乳を加えてとろみを調整する。

④バターを入れて軽く混ぜ、ピーマンを加える。

⑤溶けるチーズを加え、2分くらいで火を止める。

⑥皿に盛り、長ネギの小口切りを散らしてパセリを添える。熱々をすぐにいただく。

低カロリーでダイエットにも最適な、発芽大麦リゾット

ゴマソースをプラス

発芽大麦プチプチサラダ

●プチプチ感を生かしたサラダ

【材料・4人分】発芽大麦$2\frac{1}{2}$カップ、タマネギ50g、キュウリ30g、パプリカ（赤ピーマン）50g、レタス2～3枚、プチトマト5個、ゴマソース〈ゴマペースト（または練りゴマ）大さじ4、すりゴマ大さじ5、ニンニク2かけ（みじん切り）、しょうゆ大さじ4〉

【つくり方】①鍋に5カップの湯を沸かし、さっと洗った発芽大麦を入れる。中火で30～40分、プチプチ感を残す程度にゆで、ざるにあげて水けをきっておく。

②タマネギはみじん切り。キュウリとパプリカは7㎜角のさいの目切りにして塩少々（分量外）をふってもむ。

③材料を混ぜてゴマソースをつくり、①②を和える。

④器にレタスを敷いて③を盛り、プチトマトを飾る。

発芽大麦の食感が楽しいプチプチサラダ

豆乳仕立てでヘルシー

発芽大麦スープ

●消化のよいクリーミーなスープ

【材料・4人分】発芽大麦$\frac{1}{2}$カップ、発芽緑豆$\frac{1}{2}$カップ、豆乳1カップ、A〈タマネギ30g（くし形切り）、カシューナッツ20g、水$\frac{1}{4}$カップ〉、塩小さじ2、パセリ（またはスプラウト野菜）少々

【つくり方】①発芽大麦と発芽緑豆をさっと洗い、鍋に入れて水を1カップ加えて火にかけ、ゆでる。指でつまんでつぶれるくらいやわらかくなったら、ざるにあげて水けをきっておく。

②Aをミキサーにかけ、クリーム状になったら①を加え、再びミキサーを回す。回りにくいときは水を足す。

③鍋に移して火にかけ、しゃもじでかきまわしながら、焦げないように火を通す。

④豆乳を加え、塩で味を整える。お好みでクミン粉末少々（分量外）を加えても美味。

⑤スープ皿にとり、刻みパセリまたはスプラウト野菜のみじん切りを散らしていただく。

［小麦若葉］

ビタミンと葉緑素の宝庫

小麦若葉のオムレツ

ビタミン、ミネラル、葉緑素とさまざまな酵素をふんだんに含む小麦若葉を刻んで入れました。朝食にぴったり（つくり方P48）

青々と茂った小麦若葉はジュース用に

料理に使う小麦若葉は、5cmくらいまでの、ごく若いものを

さっぱりとした味わい

小麦若葉と卵のチャーハン

小麦若葉をニラのように使って、発芽玄米ごはんと炒め合わせたチャーハンです。ニラよりクセがなく、さっぱりとした風味（つくり方P48）

飲みやすい青汁

小麦若葉のジュース

青汁のイメージを変える、さわやかで、かすかな甘みのあるジュース。酵素が多く傷みやすいので、しぼりたてをお飲みください。ニンジンのしぼり汁と合わせると、さらに飲みやすくなります（つくり方P49）

専用の手動式しぼり器も市販されています

ビタミンと葉緑素の宝庫

小麦若葉のオムレツ

●料理にジュースにと利用

小麦を発芽させると栽培器の中で芽と根がどんどん伸びてくるので、この芽（若葉）をハサミで切り取って料理に利用します。伸びすぎるとかたくなるので、サラダなどに使うなら5㎝くらいまでのものが適当です。それより大きくなったものはジュースにするといいでしょう。

オムレツをつくるには中華鍋が便利です。中華鍋の底のカーブを利用すると、素人でも上手にオムレツの形をまとめることができます。

【材料・４人分】小麦若葉40g、卵4個、チーズ60g、牛乳大さじ4、バター20g、塩少々、トマトケチャップ大さじ4、パセリ少々

【つくり方】①小麦若葉は洗ってよく水けをふき、2㎝長さに切っておく。チーズは細かく刻んでおく。

②ボウルに卵を溶きほぐし、チーズ、牛乳、塩を加えてよく混ぜる。次に小麦若葉も加えて混ぜる。

③中華鍋を熱してバターを溶かし、②を流し入れ、鍋をゆすりながらフライ返しでかき混ぜる。

④全体がやわらかい煎り卵状になったら、ひっくり返しながら、だ円のオムレツ形にまとめる。

⑤器にとってケチャップをかけ、パセリを添える。

朝食に最適の小麦若葉のオムレツ

さっぱりとした味わい

小麦若葉と卵のチャーハン

●油で炒めれば、青臭さが完全に消える

【材料・４人分】小麦若葉（3㎝ぐらいのもの）30g、発芽玄米30％ごはん（炊き方P32）茶碗4杯、卵2個、タマネギ80g、発芽レンズ豆60g、パプリカ（赤ピーマン）20g、塩小さじ2、しょうゆ少々、グレープシードオイル（なければサラダ油）大さじ3

【つくり方】①小麦若葉は洗って1㎝長さに切る。少量を取り分け、飾り用に細かく刻んでおく。タマネギとパプリカは粗みじん切りにする。卵は溶きほぐしておく。

②中華鍋を熱してグレープシードオイルを入れ、鍋全体に油を回す。煙が立つ前にタマネギとパプリカを入れて炒め、

塩少々で味つけして皿にとる。
③同じ鍋に卵を流し入れ、菜箸でかき混ぜて、やわらかい煎り卵をつくる。
④②を③に戻し、レンズ豆も加える。小麦若葉も入れて混ぜる。
⑤発芽玄米ごはんを加えて、さらに炒める。油が不足のようなら少々加える。
⑥塩で味つけし、最後に香りづけに鍋肌に沿ってしょうゆをまわし入れて、鍋をゆすりながら混ぜる。
⑦器に盛って、みじん切りの小麦若葉を散らす。

モチモチした食感で噛みしめるごとに甘さが増す、発芽玄米100％ごはん

飲みやすい青汁
小麦若葉のジュース

●クセがなく甘みのある青汁

　青汁はまずいというイメージがありますが、小麦若葉のジュースはあまりクセがなく、どなたでも抵抗なく飲むことができます。毎日続けると葉緑素の補給に効果があります。

　小麦は一年中生長します。栽培器でも若葉は育ちますので、2週間くらいずつずらして植えて、若葉のジュースを楽しんでください。しぼりかすは植木の肥料になります。酵素が多くて腐敗しやすいので、つくりたてをすぐ飲むことが大切です。

　これからご紹介するつくり方は、味に慣れた方の1人分（120cc）の分量ですが、最初は少しずつ30ccくらいから飲んでみてください。体調の悪いときに飲むと、吐き気をもよおす人もいるので、体にいいからといって無理はしないようにしてください。

【材料・120cc分】 小麦若葉（6cmくらいまでのもの）50g、水$\frac{1}{2}$カップ

【つくり方】 ①小麦若葉は根を切り、きれいに洗う。
②なるべく小さなみじん切りにする。
③分量の水とみじん切りにした若葉をミキサーに入れ、ムース状になるまで回す。
④ミキサーから出し、二重にしたガーゼでジュースだけをしぼり出す。

　ニンジンのしぼり汁と合わせると甘みのあるジュースに、大根汁を混ぜると辛みと清涼感のあるジュースになります。

［発芽大豆と発芽小豆］

100％植物性がうれしい
発芽大豆ハンバーグ

発芽大豆と全粒粉でつくる、100％植物性のヘルシーなハンバーグ。ホットプレートを使ってノンオイルで焼き上げます（つくり方P52）

大豆は発芽させると、煮えやすく消化もよくなります

おふくろの味の新定番
発芽大豆とヒジキの煮物

砂糖を使わず、みりん少々と発芽大豆そのものの甘みで味わいます。常備菜にもおすすめ（つくり方P52）

早く煮えて滋味たっぷり

発芽小豆とカボチャの煮物

子供のころよく食べたカボチャのいとこ煮のレシピをアレンジして、発芽小豆でつくってみました。少し多めにつくったほうが、味がよくなります

(つくり方P53)

発芽小豆はカボチャと煮合わせると、甘みもやわらかさも増します

100%植物性がうれしい

発芽大豆ハンバーグ

●油を引かずにホットプレートで焼く

発芽大豆と発芽玄米をミンチにしたヘルシーなハンバーグに、トマトソースをからめて。フライパンを使わずホットプレートを利用することで、ノンオイルでヘルシーに焼きあげています。ハンバーガーにもどうぞ。

【材料・4人分】 発芽玄米1カップ、発芽大豆$\frac{1}{2}$カップ、水1カップ、A〈タマネギ（みじん切り）100g、すりごま大さじ4、ニンニク1かけ、塩大さじ$\frac{1}{2}$〉、全粒粉25g、B〈トマトピューレ$\frac{1}{2}$カップ、ウスターソース$\frac{1}{2}$カップ〉、アーモンドスライス30g、オニオンスライス80g、ニンジン$\frac{1}{3}$本、C〈水200cc、バター大さじ1、塩小さじ1、てんさい糖（なければ砂糖）大さじ1〉、キャベツ少々、パセリ少々

植物性なのにコクとうまみが十分な、発芽大豆ハンバーグ

【つくり方】 ①キャベツはせん切りに。ニンジンは食べやすい大きさの棒状に切って面取りし、Cで煮ておく。

②発芽玄米と発芽大豆は洗ってざるにあげておく。分量の水を加えてミキサーに入れ、Aを加えて撹拌してミンチ状にする

③②をボウルにとり、全粒粉を加えて、耳たぶぐらいのかたさに練る。

④8等分して小判形にまとめ、蒸気のあがった蒸し器に入れて、10分間ほど蒸す。

⑤④をホットプレート（油は引かない）で、両面に焦げ目がつく程度に焼く。

⑥Bを鍋に入れて混ぜ、弱火で加熱してソースをつくる。好みで、みりん、すりおろしたリンゴなどを入れて味を調整してもよい。

⑦焼き上がったハンバーグに⑥のソースをからめて器に盛り、オニオンスライスとアーモンドスライスをトッピングし、①を添えてパセリを飾る。

おふくろの味の新定番

発芽大豆とヒジキの煮物

●発芽大豆は煮えやすく消化もいい

【材料・4人分】 発芽大豆200g、ヒジキ（乾燥）50g、ニンジン150g、レンコン150g、しょうゆ大さじ3、みりん大さ

じ3

［つくり方］①ヒジキは水に浸けてもどし、食べやすい大きさに切る。ざるにあげて、水けをきっておく。

②ニンジンはせん切り。レンコンも皮をむいてせん切りにしておく。

③鍋に水3カップと発芽大豆を入れ、火にかける。沸騰したら弱火にして、ゆっくりと煮る。

④七分どおり煮えたところに、②のニンジンとレンコンを加え、①の水きりしたヒジキも加えて煮る。

⑤全体に火が通ったら、みりん、しょうゆを加え、味がしみるまで静かに煮含めていく。

⑥火を止めて、味が平均になじむように鍋を持って2～3回ひっくり返して出来上がり。

早く煮えて滋味たっぷり

発芽小豆とカボチャの煮物

●塩としょうゆだけであっさり仕上げる

発芽した小豆は、普通の小豆より早く煮えます。おいしく仕上げるコツは、小豆がつぶれるくらいまで煮ることと、味つけに砂糖は使わないことです。小豆に加える塩味とカボチャのしょうゆ味で、素材本来の味わいを堪能してください。

［材料・4～5人分］

カボチャ400g、発芽小豆150g、塩小さじ1、しょうゆ小さじ2

［つくり方］①カボチャは種とワタをとり、3～5cm角の角切りにする。

②発芽小豆は洗って底の広い鍋に入れ、水150ccと塩を入れて、中火で煮る。

③小豆が十分にやわらかくなったら、その上にカボチャを平らに並べ、水150cc（カボチャが2/3ほど浸るくらい）を加え、さらに煮る。

④カボチャがやわらかく煮えて、小豆もつぶれるくらいになったら、しょうゆを全体にふりかけるようにして加える。

⑤ふたをして、弱火で水分がなくなる直前まで煮含める。最後にふたをとり、鍋をゆすりながら、小豆とカボチャに煮汁をからめる。

冷めてもおいしい、発芽小豆とカボチャの煮物

［発芽黒豆］

パンやクレープにも合う

発芽黒豆のディップ

すぐに煮える発芽黒豆をゴマペーストと合わせて、栄養たっぷりのディップにしました。ハチミツで甘さをプラスして（つくり方P56）

発芽黒豆（黒大豆）は甘煮のほか、あんにしたりマリネにしたりと自在に活用を

サラダ感覚で楽しむ

発芽黒豆のマリネ

たっぷりの野菜と発芽黒豆をリンゴ酢ベースのマリネ液で和えた、彩りのよい一品。箸休めにもサラダ代わりにもなります

（つくり方P56）

コクのある風味

発芽黒豆あんのおはぎ

黒豆でつくるあんは、小豆あんより少しぽってりとしたコクの強い風味。甘みを抑えて仕上げました。発芽玄米ごはんにくるんで

（つくり方P57）

ラップを使って握れば、出来上がりがきれいで手も汚れません

パンやクレープにも合う
発芽黒豆のディップ

●発芽させた豆類は早く煮えて簡単

豆料理は煮るのに時間がかかって面倒だと敬遠されがちですが、発芽させた豆は、25分くらいでいとも簡単にやわらかく煮えます。黒豆は甘く煮ることが多いのですが、いつも砂糖を入れた甘い煮物ばかりでなく、ときにはマリネにしたり、黒豆あんにするなど味つけを変えると楽しいものです。このディップはジャムの代わりにパンに塗ったり、ソバ粉のクレープなどで巻いたり、おはぎに使ったりしてお召し上がりください。

【材料】 発芽黒豆2½カップ、豆乳½カップ、ハチミツ大さじ3、ゴマペースト（または練りゴマ）大さじ1、塩小さじ½

【つくり方】 ①鍋に発芽黒豆を入れ、豆より2㎝ほど上まで水を注いで火にかける。最初は強火、沸騰したら弱火で豆がやわらかくなるまで約25分ゆでる。

発芽小麦や全粒粉のパンとよく合う発芽黒豆のディップ

②ざるに上げて水けをきり、その他の材料と一緒にミキサーに入れ、クリーム状にする。

③②を鍋に移して弱火にかけ、しゃもじで混ぜながら火を通す。プツプツと空気孔が開きだしたら火を止める。

④パンなど好みのものにつけていただく。

サラダ感覚で楽しむ
発芽黒豆のマリネ

●箸休めによく、彩りの美しい一品

【材料・4～6人分】 発芽黒豆2カップ、タマネギ200g、パプリカ（赤ピーマンと黄ピーマン）各大1個、レンコン50g、キュウリ1本、ゴボウ100g、マリネ酢〈リンゴ酢½カップ、ハチミツ½カップ、オレンジ100％ジュース½カップ、塩小さじ1〉

【つくり方】 ①鍋に発芽黒豆を入れ、豆より2㎝ほど上まで水を注いで火にかける。最初は強火、沸騰したら火を弱め、約25分ゆでる。

②タマネギは皮をむいて⅛のくし形に切り、それをさらに½に切る。レンコンは3㎝角の乱切りにする。ゴボウは包丁の背で皮をそぎ、厚さ5㎜、長さ3㎝の斜め切りにする。

③パプリカは⅙のくし形に切り、それをさらに½に切る。キュウリは3㎝角くらいの乱切りにして塩もみをし、水け

をしぼっておく。

④マリネ酢の材料を合わせておく。

⑤大きめの鍋に湯を沸かし、②を入れてさっとゆで、ざるにあげる。

⑥⑤の水けがざっととれたら、①③を混ぜて熱いうちにマリネ酢に浸す。

⑦一晩つけておき、翌朝、マリネ酢と野菜を分け、マリネ酢に火を入れる。好みで、リンゴ酢とハチミツ、オレンジジュースで調整する。味は少し強いくらいがよい。

⑧味を調えたマリネ酢を冷やし、取り分けておいた野菜を再び浸す。2時間くらいで食べごろに。

コクのある風味

発芽黒豆あんのおはぎ

●砂糖は、てんさい糖を使って

あっさりとした甘さに仕上げています。

【材料・4人分】 発芽黒豆5カップ、発芽玄米30％ごはん（炊き方P32）茶碗2½杯、てんさい糖適宜、塩少々

【つくり方】 ①鍋に発芽黒豆を入れ、豆より2cmほど上まで水を注いで火にかける。最初は強火、沸騰したら火を弱めて約25分ゆでる。

②てんさい糖と塩を加え、さらに煮る。

③豆が親指と小指でつまんでつぶれるくらいまでやわらかく煮えたら、すり鉢に入れ、すりこぎでつぶす。

④発芽玄米ごはんをボウルに入れ、すりこぎで粗くつぶし、ピンポン玉くらいの大きさに丸めておく。

⑤③の黒豆あんをピンポン玉2個分くらいの大きさに丸め、手のひらよりひと回り大きく切ったラップの上にのせて広げる。

⑥⑤の上に③のごはん玉をのせ、ラップでくるむようにして、あんをつける。

白黒のコントラストも美しい、発芽黒豆あんのおはぎ

［発芽ピーナッツ］

お弁当に酒の肴に

発芽ピーナッツのしょうゆ煮

ごく薄味で、豆そのものの味わい、と色を生かして煮上げます。ピーナッツの芽が、なんとも愛らしい一品（つくり方P60）

力強い芽が出る発芽ピーナッツ

ごはんにもよく合う

発芽ピーナッツのみそ和え

白みそとオレンジジュースを合わせたドレッシングが絶妙の味わい。おかずとしてもサラダとしても楽しめます（つくり方P60）

［発芽緑豆］

すぐに発芽し栄養豊富

発芽緑豆のサラダ

ゴマペーストのソースで和えました。彩りがよく、ボリュームたっぷりのサラダです（つくり方P61）

緑豆は発芽させやすく、スプラウト初心者にもおすすめ。伸ばせばモヤシに

トロリとプチプチの食感

発芽緑豆とタラの雑炊

トロリと溶けるほどやわらかく煮た発芽緑豆に、発芽大麦をプラスしてアクセントに。白身魚を加え、さっぱりといただく雑炊です（つくり方P61）

お弁当に酒の肴に

発芽ピーナッツのしょうゆ煮

●お弁当に、お酒やビールのつまみに

お弁当に入っていると、それだけでうれしくなる一品。発芽ピーナッツは、渋皮をつけたまま使ってください。

［材料・4〜6人分］ 発芽ピーナッツ2½カップ、水1½カップ、しょうゆ大さじ1、塩小さじ½

［つくり方］ ①発芽ピーナッツは洗ってざるにあげ、水けをきっておく。

②材料を全部土鍋に入れ、中火で約45分煮る。

③弱火にして煮え具合を確かめ、火を止める。しばらくふたをしたまま置いて、よく蒸らしてから器に盛る。

［メモ］ 煮上がったピーナッツに、炒ったピーナッツをミキサーにかけて粉状にしたものをふりかけて混ぜると、また違ったおいしさが楽しめます。圧力鍋で炊くと、もっちりとした歯ごたえがたまらない味わいになります。

ごはんにもよく合う

発芽ピーナッツのみそ和え

●サラダ感覚でさっぱりと

［材料・4〜6人分］ 発芽ピーナッツ1½カップ、ニンジン150g、セロリ80g、キュウリ200g、タマネギ50g、合わせ調味料〈白みそ100g、オレンジ100%ジュース50cc、ショウガ15g（すりおろす）〉

［つくり方］ ①発芽ピーナッツをさっと洗って鍋に入れ、豆より2cm上くらいまで水を注いで火にかけ、約20分ゆでる。ゆであがったらざるにあげておく。

②ニンジンは1cm角のさいの目切りにして、ゆでる。

③キュウリは1cm角のさいの目切りにして、塩少々をふってもむ。

④セロリは小口切りに、タマネギはみじん切りにする。

⑤①②③④をボウルに入れ、合わせ調味料で和える。しっかりなじませるため、手にナイロンの薄手の手袋をはめて、もみこむように混ぜるとよい。

⑥器に盛って食卓へ。

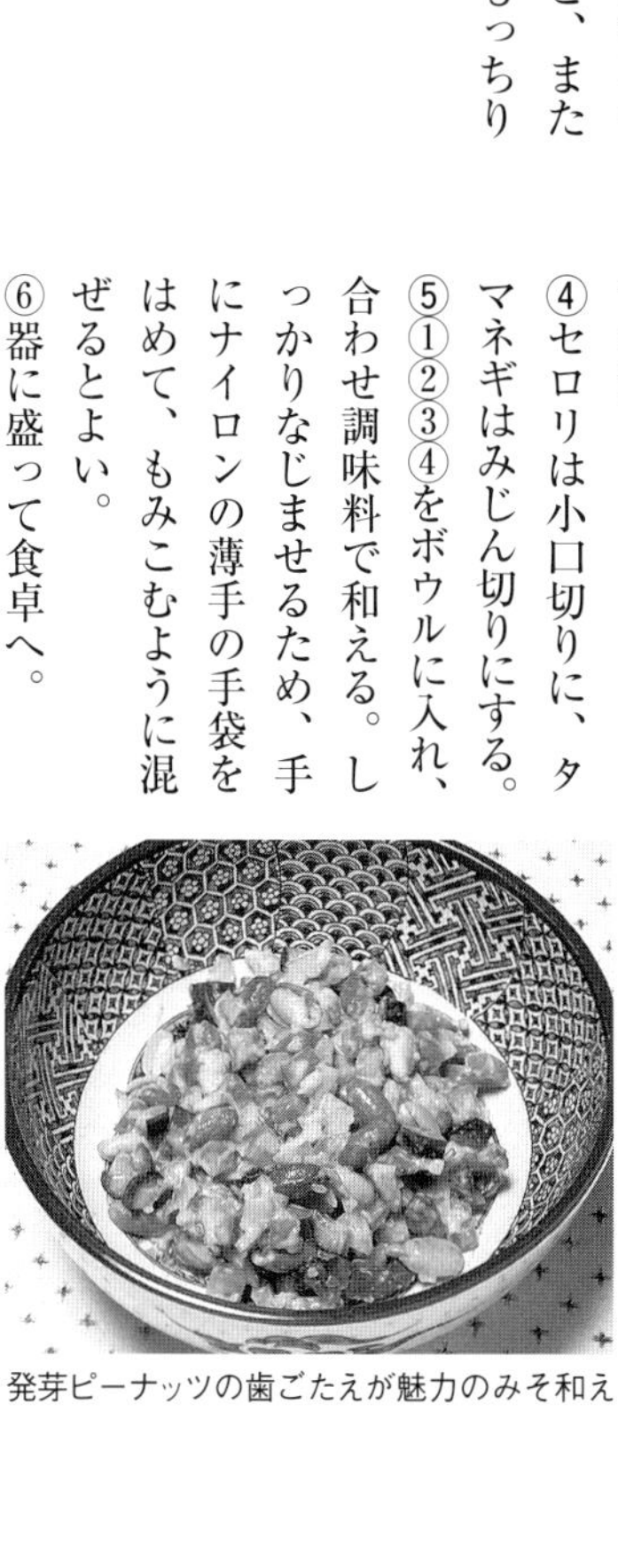

発芽ピーナッツの歯ごたえが魅力のみそ和え

すぐに発芽し栄養豊富

発芽緑豆のサラダ

●栽培が手軽で、しかもおいしい

緑豆は市販のモヤシの種です。発芽が早くて栽培が簡単、小粒なので早く煮えます。そのうえ栄養的には若さを保つビタミンEが豊富と、いいこと尽くしの食材です。新芽を伸ばせばモヤシになりますが、手づくりならではの「発芽したて」をぜひ味わってみてください。

【材料・4人分】 発芽緑豆1カップ、トマト中1個、キュウリ中1本、タマネギ50g、ショウガ5g、ソース〈しょうゆ大さじ2、ゴマペースト大さじ2〉、炒りゴマ大さじ1

【つくり方】 ①鍋に湯を沸かし、発芽緑豆を入れる。沸騰して3分したらざるにあげて水けをきり、冷ましておく。

②キュウリはせん切りにして、塩少々をふってもみ、水けをしぼる。

③トマトは輪切りにする。

④タマネギ、ショウガはみじん切りにする。

⑤ソースの材料を混ぜて、①②④を和える。

⑥皿に③のトマトの輪切りを円形に並べ、⑤を盛りつける。さらに、炒りゴマをたっぷりかける。

体の芯から温まる、発芽緑豆とタラの雑炊

トロリとプチプチの食感

発芽緑豆とタラの雑炊

●発芽緑豆と発芽大麦の持ち味を生かして

【材料・4人分】 発芽緑豆2カップ、発芽大麦2カップ、タラの切り身250g、しょうゆ大さじ1、塩小さじ½、ラディッシュスプラウト（他のスプラウト野菜でもよい）少々

【つくり方】 ①タラは3㎝幅の大きさに切る。ラディッシュスプラウトは刻んでおく。

②鍋に発芽大麦を入れ、水2½カップを入れて火にかける。煮立ったら中火にして、約25分煮る。

③さらに発芽緑豆を加え、豆の腹が割れるくらいやわらかくなるまで煮る。

④③にタラを加える。タラに火が通ったら、しょうゆと塩で味つけして火を止める。

⑤熱々を器に盛り、ラディッシュスプラウトを飾る。

【発芽ヒヨコ豆】

発芽ヒヨコ豆。カチカチのかたい豆が水を吸ってやわらかくふくらみ、かわいい芽を出します。

野菜と豆乳でつくる 発芽ヒヨコ豆のグラタン

ほっこりとおいしい発芽ヒヨコ豆が、熱々のソースの中からちらり。野菜と豆乳ベースのヘルシー素材のグラタンです（つくり方P64）

煮汁にもうまみあり 発芽ヒヨコ豆の含め煮

コロコロとかわいい発芽ヒヨコ豆を、あっさりと、ごく薄いしょうゆ味で煮ます。箸休めやお弁当、お酒やビールのおつまみにも（つくり方P64）

ピタパンとは中が空洞になっている中近東のパンで、別名ポケットパン

油を使わずオーブンで焼く

発芽ヒヨコ豆バーグサンド

発芽ヒヨコ豆をマッシュしてつくったミニハンバーグを、スプラウト野菜と一緒にピタパンに詰めたヘルシーサンド（つくり方P64）

ヨーグルトで和えた

発芽ヒヨコ豆のデザート

発芽ヒヨコ豆本来の甘みを味わう、ヘルシーなデザート。ジャムを少しかけて（つくり方P65）

野菜と豆乳でつくる

発芽ヒヨコ豆のグラタン

●小麦若葉と豆乳を使ってさらにヘルシーに

【材料・4人分】 発芽ヒヨコ豆1カップ、タマネギ150g、カボチャ100g、カシューナッツ50g、豆乳（または牛乳）½カップ、塩小さじ1、パン粉（目の粗いもの）50g、小麦若葉（またはパセリ）少々

【つくり方】 ①タマネギはくし形の薄切りに、カボチャは1cm厚さの半月切りにする。小麦若葉はみじん切りにしておく。

②鍋に発芽ヒヨコ豆、①のタマネギとカボチャを入れ、水1カップを注いで火にかける。

③沸騰したら火を弱め、カボチャがやわらかくなったら塩で味つけする。

④豆乳（または牛乳）を加え、沸騰したら火を止める。

⑤カシューナッツをミキサーに入れ、④を加え、クリーム状になったら鍋に戻し、味見して塩加減を調整する。

⑥⑤をグラタン皿に入れ、パン粉をふりかける。

⑦250℃に熱したオーブンに入れ、約30分、表面にこんがりと焦げ目がつくまで焼く。

⑧小麦若葉のみじん切りを散らして食卓へ。

煮汁にもうまみあり

発芽ヒヨコ豆の含め煮

●あっさり薄味でいただく

【材料・4～6人分】 発芽ヒヨコ豆2カップ、しょうゆ大さじ2、みりん大さじ1

【つくり方】 ①鍋に発芽ヒヨコ豆を入れ、たっぷり浸かる程度の水を注いで火にかけ、煮る。

②ヒヨコ豆がやわらかくなったら、みりん、しょうゆを加え、中火から弱火でゆっくりと煮含める。

③汁けが少し残っているくらいで火を止め、器に盛る。

【メモ】 ヒヨコ豆は、発芽させたらまとめてゆでておくと、いろいろな料理に使えて便利です。ヒヨコ豆はゆで汁にうまみがあるので、ゆで汁はとっておいて料理に使うとよいでしょう。この含め煮も、ボイルしたヒヨコ豆をゆで汁と調味料で煮てもOK。調理時間も短縮できます。

油を使わずオーブンで焼く

発芽ヒヨコ豆バーグサンド

●発芽ヒヨコ豆のハンバーグをはさんで

【材料・4人分】 発芽ヒヨコ豆2カップ、ヒヨコ豆のゆで汁1カップ、ニンニク2かけ、A〈豆腐1丁（300g）、パン粉

3カップ、しょうゆ少々〉、ピタパン（ポケットパン）適宜、レタス適宜、トマト適宜、スプラウト野菜（アルファルファ、ブロッコリースプラウトなど）適宜、練りゴマソース〈ねりゴマ大さじ3、ココナッツミルクパウダー大さじ1、しょうゆ大さじ2〉

【つくり方】①鍋に発芽ヒヨコ豆を入れ、たっぷり浸かる程度の水を注いで火にかける。豆がやわらかくなったらざるにあげて水けをきる。ゆで汁はとっておく。

②分量のゆで汁とニンニク、①のヒヨコ豆をミキサーにかけてクリーム状にする。

③Aをボウルに入れ、手でこねて、しっかり混ぜる。次に②を加え、さらによくこねる。

④③をピンポン玉大にまとめ、クッキングシートを敷いた天板の上に並べ、170℃のオーブンで約45分焼く。

⑤練りゴマソースの材料を合わせておく。

⑥レタスは食べやすい大きさにちぎり、トマトは輪切りにする。

いろいろなスプラウト野菜をたっぷり詰めて食べると楽しい

⑦ピタパンを半分に切り、⑥のレタスとトマト、スプラウト野菜、③を入れて練りごまソースをかける。

【メモ】サンドイッチにしないで、ハンバーグのように大きく焼いてトマトソースで食べてもおいしいです。

ヨーグルトで和えた発芽ヒヨコ豆のデザート

●やさしい味のヘルシーデザート

【材料・4人分】発芽ヒヨコ豆1カップ、キュウリ1本、ヨーグルト$\frac{1}{2}$カップ、塩少々、アルファルファ10g、白ゴマ10g、ジャムまたはマーマレード大さじ2

【つくり方】①発芽ヒヨコ豆はやわらかくゆでる。

②豆がゆであがってまだ温かいうちに、まな板の上に乾いた布巾を敷き、その上に豆を平らに広げる。

③上からも布巾をかけ、手で静かに押して豆を半分つぶした状態にする。

④キュウリに塩少々をふってまな板の上でころがし、さっと洗って小口切りにする。

⑤③のヒヨコ豆と④のキュウリをヨーグルトで和え、味をみて塩加減を調整する。

⑥器に盛ってアルファルファをトッピングし、すりごまとジャム、またはオレンジマーマレードをかける。

【発芽レンズ豆】

マイルドな辛さの本格派
発芽レンズ豆のカレー

インドのベジタリアンメニューをアレンジしました。カボチャとジャガイモでつけたとろみが、コクとおいしさの秘密です（つくり方P68）

具だくさんで超簡単
発芽レンズ豆のスープ

スプラウト豆類のなかでもとくに煮えるのが早い発芽レンズ豆を使ったスピードメニュー。超簡単なのに味は本格派（つくり方P68）

チーズとの相性も抜群

発芽レンズ豆のピザ

約2分でゆであがる発芽レンズ豆は、チーズとの相性も抜群。市販のピザ生地にトッピングすれば、あっという間にひと味違ったピザに(つくり方P69)

ビタミンB_1が豊富で疲労回復効果のある発芽小豆

マイルドな辛さの本格派

発芽レンズ豆のカレー

●カボチャとジャガイモでとろみをつける

野菜だけでコクを出した本格派のカレー。後からじんわりとくる、マイルドな辛さが好評です。

【材料・4人分】 発芽レンズ豆200g、発芽玄米ご飯適宜、トマト250g、ニンニク1かけ、カボチャ800g、ジャガイモ300g、タマネギ200g、カレー用香辛料〈カレー粉大さじ1、クミン粉末少々、赤トウガラシ（種を除いて小口切りにする）小1/4本、塩少々〉、練りゴマ小さじ2、パセリ少々、つけ合わせ〈プチトマト適宜、ショウガの甘酢漬け適宜〉

【つくり方】 ①トマトは乱切りにする。皮が気になるなら湯むきしてもいいが、煮ると溶けるのであまり気にしなくても大丈夫。

②ニンニクはみじん切りにする。

③カボチャとジャガイモは食べやすい大きさの乱切りに、タマネギはくし形に切る。

④つけ合わせ用のプチトマトは半分に切る。ショウガの甘酢漬けは薄切りにしておく。

⑤鍋に①のトマトと②のニンニク、発芽レンズ豆を入れて弱火にかけ、トマトの水分だけでレンズ豆を煮る。

⑥別の鍋に③を入れ、水4カップを注いで火にかけ、アクをとりながら煮る。やわらかく煮えたら火を止めて粗熱をとり、ミキサーでクリーム状にしておく。

⑦⑤の鍋に⑥を加え、ときどきしゃもじで混ぜながら煮る。

⑧カレー用香辛料の材料を混ぜて味つけし、鍋からおたま1杯分をとり、練りゴマを加えてよく混ぜ、鍋に戻す。もう一度煮立ってきたら出来上がり。

⑨器に発芽玄米ごはんを盛り、みじん切りのパセリをふりかける。カレーをかけて④を添える。

発芽レンズ豆カレーは、ルーにひと工夫した自信作

具だくさんで超簡単

発芽レンズ豆のスープ

●発芽レンズ豆は、あっという間に煮える

【材料・4人分】 発芽レンズ豆100g、トマト100g、タマネギ100g、ジャガイモ50g、ニンジン30g、セロリ10g、マッシュルーム50g、塩小さじ2、小麦若葉（またはパセリ、青

ネギなど）少々

【つくり方】①トマトは皮を湯むきして、種を除いて乱切りにする。タマネギは食べやすい大きさのくし形切りに、ジャガイモは皮をむいて乱切りにする。

②ニンジンは５㎜厚さの小口切りに、セロリは１㎝厚さの小口切りにする。

③マッシュルームは半分に切っておく。

④小麦若葉はみじん切りにしておく。

⑤鍋に発芽レンズ豆と①②③を入れ、水３カップを注いで火にかける。沸騰したら少し火を弱め、ていねいにアクをとりながら煮る。

⑥やわらかく煮えたら、塩で味を調えて火を止める。

⑦器に盛り、みじん切りの小麦若葉を散らす。

発芽レンズ豆のピザは、おしゃれでボリュームたっぷり

チーズとの相性も抜群

発芽レンズ豆のピザ

●とろけるおいしさが際立つ

発芽レンズ豆は早く煮えるのはもちろん味もつきやすいので、急ぐときにはとくに便利です。カレーやスープにするのが一般的ですが、サラダやピザにも使えます。

ゆでるときには、沸騰した湯に入れて２分ほどで引きあげてください。

【材料・４人分】発芽レンズ豆150g、ピザ生地（クリスピータイプ、市販のもの）直径20㎝４枚、ニンニク20g、プチトマト150g、ピザソース（市販のもの）200g、ピザ用チーズ200g

【つくり方】

①発芽レンズ豆を沸騰した湯に入れ、２分ゆでる。ゆであがったらざるにあげ、水けをきる。

②ニンニクはみじん切り。プチトマトは輪切りにする。

③ピザ生地にピザソースを均等に塗る。

④①のレンズ豆に②のニンニクのみじん切りを混ぜ、③のピザ生地の上にのせる。

⑤さらにプチトマトを散らし、チーズを均一にのせる。

⑥200℃に熱したオーブンで７～８分、チーズに少し焦げ目がつく程度に焼く。

#［スプラウト野菜］

手軽で華やか
スプラウトのライスペーパー巻き

スプラウト野菜に含まれる豊富なビタミンやミネラル類を無駄なく摂取するには、生食が一番。好みのスプラウト野菜をライスペーパーでくるくる巻くだけで、華やかな一品に（つくり方P72）

抗がん効果で注目を浴びているブロッコリースプラウト

米粉が原料のライスペーパー（ベトナム料理の生春巻きの皮）

「21世紀のスーパー穀物」として高栄養価が注目されているキヌアは、吸水しやすく短時間で発芽します

緑の若葉が出る前の発芽小麦は、穀類としてゆでて使います。プチプチした食感がサラダのアクセントに

ソバの新芽であるソバスプラウトにはルチンが豊富。話題の新野菜です

野菜、穀類、豆類を混ぜた

スプラウトたっぷりサラダ

野菜と穀類、豆類のスプラウトを盛り合わせた、栄養バランスのよいサラダです。お好みのスプラウトを彩りよく使って、アレンジしてみてください（つくり方P72）

手軽で華やか

スプラウトのライスペーパー巻き

●好みのスプラウト野菜をたっぷりと

　スプラウト野菜は、好みのものを。数種類を混ぜてもおいしいですよ。春巻きのように、油でさっと揚げても。

【材料・４人分】スプラウト野菜２～３パック（60ｇ～90ｇ）、ライスペーパー大４枚、生シイタケ中７枚、春雨40ｇ、青ジソ12枚、オレンジ$\frac{1}{4}$個、Ａ〈ニンニク小１かけ（すりおろす）、しょうゆ大さじ２〉、Ｂ〈タマネギ100ｇ（みじん切り）、ニンニク小１かけ（みじん切り）、ショウガ10ｇ（すりおろす）、ピーナッツ粉20ｇ、白みそ大さじ１、しょうゆ大さじ１〉、Ｃ〈しょうゆ大さじ１、レモン汁大さじ１〉、レモンの薄切り適宜

【つくり方】①ライスペーパーは、かたく絞った濡れ布巾にはさんで湿らせておく。

②生シイタケは石づきをとって１㎝幅に切り、Ａで下味をつけておく。

③春雨は湯に浸けてもどし、食べやすい大きさに切り、Ｂで下味をつけておく。

④スプラウト野菜は洗って水けをきっておく。

⑤オレンジは薄切りにする。

⑥ライスペーパーの上に青ジソ３枚と②③④の$\frac{1}{4}$量ずつをのせ、巻きずしの要領で巻く。最後にオレンジの薄切りをはさんで巻き終わる。

⑦半分に切って器に盛り、Ｃを混ぜ合わせたタレを添えて、レモンを飾る。

ライスペーパーで巻いてあるので食べやすく、見た目もおしゃれ

野菜、穀類、豆類を混ぜた

スプラウトたっぷりサラダ

●いろいろなスプラウトを合わせて楽しむ

【材料・４人分】ラディッシュスプラウト１パック（30ｇ）、発芽エンドウ豆（市販のものなら豆苗）適宜、ソバスプラウト適宜、発芽小麦（２㎝くらいのもの）$\frac{1}{2}$カップ、発芽レンズ豆（緑、ピンク）$\frac{1}{2}$カップ、発芽キヌア大さじ２、

セロリ1/4本、黄パプリカ1/4個、プチトマト5個、レタス大2枚、レッドキャベツ大1枚、サラダ用ホウレンソウ少々、ドレッシング〈ニンジン1本分のすりおろし汁、リンゴ酢大さじ1、オリーブ油大さじ1、塩小さじ1、コショウ少々、赤トウガラシ（種は除いて）1/2本〉

【つくり方】①ラディッシュスプラウトは洗って種子殻を除く。市販のものは根元を切ってスポンジをはずす。豆苗（発芽エンドウ豆）とソバは食べやすい大きさに切る。

②発芽レンズ豆はさっと熱湯に通し、ざるにあげておく。発芽キヌアと発芽小麦は洗ってざるにあげ、水気をきる。

お好み次第でアレンジできるスプラウトサラダ

③セロリは筋をとって小口の薄切りに、パプリカも薄切りにする。プチトマトは半分に切る。

④レタス、レッドキャベツ、ホウレンソウは食べやすい大きさにちぎって器に敷き、①②を盛って③を散らす。ドレッシングの材料を合わせて添える。

スプラウト野菜の洗い方と保存の極意

◎市販のスプラウト野菜の洗い方

底面のスポンジを手でつかみ、ボウルにたっぷり水を入れて、その中で逆さにして揺らすように洗って種子殻を除きます。根元はハサミでスポンジから切り離して使ってください。

◎栽培したスプラウト野菜の洗い方

ボウルに入れ、手で押さえながら流水をかけ、フワフワ混ぜながら水をあふれさせると、種子殻はきれいに流れます。根を切り離さず、丸ごと召し上がってください。

◎スプラウト野菜の保存

密閉容器に入れ、冷蔵庫で3日くらいまで。

◎穀類、豆類のスプラウトの扱い方

ざるに入れ、大きめのボウルにたっぷり水を張った中に入れて、手でかき混ぜて洗います。ざるを引き上げ水けをきって、ゆでてください。

保存は、ゆでたものを小分けして冷凍庫に。約2週間は日持ちします。多めに発芽させ、まとめてゆでて冷凍しておくことをおすすめします。

噛んでみるとピリッと辛く、スパイシーな風味のクレススプラウト

発芽した皮をむいたオレンジ色のレンズ豆

緑葉のスプラウト満載

クリームチーズ・ディップ

クリームチーズにみじん切りのスプラウト野菜を混ぜ込んだ、さっぱりとさわやかな風味のディップです。生野菜嫌いの方にもおすすめです（つくり方P76）

薬味代わりに存分に

納豆とスプラウトの和え物

納豆とスプラウトは相性が抜群。なかでもピリリと辛いクレススプラウトやカイワレダイコンは、味を引きしめ薬味にぴったりです（つくり方P76）

オーロラソースが人気

ポテトのスプラウトのせ

新鮮なアルファルファには少し青臭い風味がありますが、さわやかな風味のラディッシュスプラウトと混ぜると、さっぱりとおいしく、食べやすくなります（つくり方P77）

ラディッシュスプラウトは栽培しやすく、カイワレダイコンによく似た万人好みの味わい

アルファルファはアメリカ人の大好きなスプラウトですが、日本人のなかには青臭いと少し苦手な方も……

低カロリーでみずみずしい

アルファルファの白和え

細くてシャッキリしたアルファルファは、白和えにすると、歯触りのおもしろさが生きます。さわやかでみずみずしい白和えです（つくり方P77）

緑葉のスプラウト満載

クリームチーズ・ディップ

●さっぱりとしてヘルシー

パンやクラッカーにつけたり、葉物の野菜で巻いて味わいます。休日のブランチなどにどうぞ。

[材料・4人分] カイワレダイコン1パック、ラディッシュスプラウト1パック、クレススプラウト1パック（30g）、アルファルファ30g、発芽レンズ豆（または発芽小豆）30g、クリームチーズ100g、豆乳（または牛乳）大さじ2、野菜やパン適宜

[つくり方] ①発芽レンズ豆はさっと熱湯を通しておく。
②カイワレダイコン、ラディッシュとクレスのスプラウト野菜は葉を取り分け、茎を1cmに刻む。
③クリームチーズに豆乳（または牛乳）を加えて少しやわらかくし、①②を入れて、よく混ぜる。味見をして、塩味が必要なら塩を少々加えてもよい。
④好みの野菜やパンと一緒に器に盛り、アルファルファをトッピングする。

薬味代わりに存分に

納豆とスプラウトの和え物

●スプラウト野菜と納豆の相性は抜群

スプラウト野菜を混ぜてクリームチーズをカロリーダウン

[材料・4人分] 小粒納豆小3パック、ブロッコリースプラウト1パック、クレススプラウト1パック（30g）、ダイコン150g、タマネギ100g、長ネギ½本、A〈しょうゆ・レモン汁各少々〉、カラシ適宜

[つくり方] ①スプラウト野菜は半分に切る。
②タマネギはみじん切りにして水にさらし、ざるにあげて水けをきっておく。
③ダイコンは皮をむき、かつらむきしてせん切りにするか、刺し身のツマ用のカッターで切り、水にさらす。
④長ネギは小口の薄切りにする。
⑤納豆をよくかき混ぜ、①②を加えてさらに混ぜる。
⑥③の水けをきって器に盛り、④のネギを散らして上に⑤の納豆を盛り、カラシをのせる。
⑦Aを合わせて添え、食べる直前にかける。

オーロラソースが人気

ポテトのスプラウトのせ

●アルファルファがおいしく食べやすくなる

アルファルファはすっかり日本でもおなじみになりましたが、少し青臭くクセがあるので敬遠する方もいるようです。そんな方におすすめのメニューがこれ。さわやかでピリリとした風味のラディッシュスプラウトと混ぜると、アルファルファが食べやすく、おいしくなります。マヨネーズとケチャップを混ぜたオーロラソースとの相性もぴったりで、人気のレシピです。

オーロラソースをかけて、アルファルファをたっぷりといただく

【材料・4人分】アルファルファ・ラディッシュのスプラウト合わせて200g、ジャガイモ300g、オーロラソース〈トマトケチャップ2/3カップ、マヨネーズ1/2カップ〉、揚げ油適宜

【つくり方】①スプラウト野菜は洗って水をきる。

②ジャガイモは皮をむき、細めの拍子木切りにする。揚げ油でカリッと揚げて、フライドポテトをつくる。

③器にフライドポテトをのせ、その上にスプラウト野菜を散らして、材料を合わせたオーロラソースをかける。さっとできておいしい

低カロリーでみずみずしい

アルファルファの白和え

●食べる直前に和えて食卓へ

【材料・4人分】アルファルファ50g、ニンジン50g、ミツバ50g、豆腐1丁、炒りゴマ大さじ4、塩小さじ1 1/2、みりん大さじ1

【つくり方】①豆腐はゆでて水切りしておく。アルファルファは洗ってざるにあげ、水けをよくきっておく。

②ニンジンはみじん切りにして塩少々（分量外）をふってもみ、水洗いしてしぼっておく。

③ミツバは茎を1cmに切り、葉は飾り用少々を残してせん切りにする。

④すり鉢に炒りゴマごまを入れ、よくする。

⑤①の水切りした豆腐に塩、みりんを加え、なめらかになるまでよくすり混ぜる。

⑥食べる直前に、アルファルファ、ニンジン、ミツバを加えて和え、器に盛ってミツバの葉をあしらう。

ささっとできておいしい

スプラウトのヘルシー丼

発芽玄米ごはんにスプラウト野菜をたっぷりのせた、ヘルシーな丼です。炒りゴマやきざみ海苔をかけて（つくり方P80）

栄養価だけでなく、ほのかな甘みのある味わいが好評のブロッコリースプラウト

バナナ風味の飲むサラダ

スプラウトジュース

スプラウト野菜はビタミンの宝庫。せっかくですから極力生でいただきたいもの。バナナも入って、とても飲みやすいジュースです（つくり方P80）

タマネギと合わせる
スプラウトのサラダ

タマネギの清涼感も手伝って、あっさりと美味。スプラウトがどんどん食べられます。ゴマの風味がポイント（つくり方P80）

レモンじょうゆで味わう
冷奴のスプラウト添え

お好みのスプラウト野菜をのせるだけで、冷奴がおしゃれに変身。さっぱりとレモンじょうゆでお召し上がりください（つくり方P80）

色鮮やかな赤紫色の茎が美しいレッドキャベツ

ささっとできておいしい

スプラウトのヘルシー丼

●シラス干し、ゴマ、海苔をプラス

［材料・４人分］ 発芽玄米30％ごはん（炊き方P32）茶碗４杯、ブロッコリースプラウト２パック（60g）、シラス干し30g、炒りゴマ大さじ４、きざみ海苔少々、しょうゆ大さじ１½

［つくり方］ ①ブロッコリースプラウトは洗って半分に切る。

②シラス干しは、鍋でから炒りする。

③発芽玄米ごはんに炒りゴマを混ぜて器に盛り、①②をのせ、しょうゆをかける。きざみ海苔を散らす。

バナナ風味の飲むサラダ

スプラウトジュース

●ビタミンたっぷりで飲みやすい

［材料・１人分］ ブロッコリースプラウト（他のスプラウトでもよい）１パック（30g）、豆乳½カップ、バナナ小½本（50g）、レモン汁大さじ⅔

［つくり方］ ①ブロッコリースプラウトは洗って種子殻を除く。バナナは皮をむき３㎝幅に切っておく。

②①と豆乳をミキサーで撹拌する。

③レモン汁を加え、さっと混ぜ合わせて出来上がり。

タマネギと合わせる

スプラウトのサラダ

●スプラウトがパクパク食べられるレシピ

［材料・４人分］ ブロッコリースプラウト２パック（60g）、タマネギ200g、白ゴマ大さじ４、A〈しょうゆ大さじ２、レモン汁大さじ１〉

［つくり方］ ①タマネギはスライスし、水にさらしてざるにあげ、布巾に包んで振って完全に水けをきる。

②ブロッコリースプラウトはよく洗って種子殻を除く。

③ゴマは炒ってすり鉢でする。

④器にタマネギを盛り、すりゴマを半分かけた上にスプラウト野菜をのせ、残りのゴマをかけてAを添える。

レモンじょうゆで味わう

冷奴のスプラウト添え

●簡単手軽なご馳走

［材料・４人分］ 豆腐１丁、ラディッシュスプラウト・レッドキャベツスプラウト各１パック（計60g）、削り節少々、しょうゆ少々、レモンの薄切り１枚

［つくり方］ ①豆腐は食べやすい大きさの三角に切り、水切りする。スプラウト野菜は洗って水けをきる。

②器に盛りつけて、削り節、しょうゆ、レモンを添える。

第3章

スプラウトの育て方と楽しみ方

スプラウト栽培の基本

◆台所の片隅が農園に

スプラウトの栽培は簡単です。発芽玄米も、ご家庭で簡単につくれます。手軽な栽培キットも市販されていますし、身近な道具を使ってもできます。まずは、栽培しやすいアルファルファやブロッコリーなどから始めることをおすすめします。これが成功すると、楽しくてやめられなくなってしまうほどです。大切なのは、毎日、発育状態を確かめ、水不足になっていないかをチェックすることです。約1週間で収穫できるので、どんどん生長する感動と楽しさを味わいながら、試してみてください。

◆日光と栽培場所

発芽初期に日に当てると、スプラウトの伸びが止まってしまいます。また直射日光に当てると容器内の温度が上がりすぎるので、避けてください。栽培場所としては、室内で間接光が平均に当たる場所がベストです。

台所の出窓などは手入れもしやすく、目を楽しませてくれます。冬は太陽光線が弱くなるので、明るく暖かい場所を探して置いてください。

◆栽培容器と特徴

①衛生的で失敗がない専用栽培器

水や空気がうまく循環するよう設計されているので、水やりが非常に楽です。段重ねできるので、スペースもいりません。観察もしやすく、複数のスプラウトを育てたり、時間差をつけて栽培するのに便利です。種がセットになった栽培キットも市販されています。

②身近なプラスチックか金網のざる

穀類や豆類など、粒の大きい種子を発芽させるのに便利。竹ざるはカビが発生しやすいので避けます。底が広くて背の低いざるにシートを敷けば、小さい種子もスプラウト（発芽）できます。ごく少量を試したいなら、茶こしをマグカップにセットします。身近な材料で栽培してみたい人向き。

③百円ショップを上手に利用

百円均一ショップの収納用品コーナーを探すと、段重ねできて水や空気が通る構造のものがたくさんあります。また自分好みに作り変えることもでき、費用も格安です。

④手製の麻袋や洗濯ネット

袋に種子を入れてつるし、袋ごと洗ってまたつるすという栽培法。水道の蛇口にかけておけば世話が楽です。豆類など、粒が大きく発芽直後を利用する（光に当てる必要がない）種子をスプラウトさせるのに最適です。

⑤手軽に試せる広口瓶

手軽にできますが、光の当たり方にムラがでるので、外側と内側で生長ムラができやすく、また水切りが不完全になるなどの欠点もあります。

ボックスタイプで段重ねできる専用栽培器。高さがあるので、丈の長くなる小麦若葉などの栽培に向く

3段の発芽シャーレと水受け皿からなる専用栽培器。アクリル樹脂でできており、衛生的で割れにくく紫外線にも変質しない

百円ショップで見つけた容器。サイドと底に穴が開いていて、水や空気が通る。下にバットを置いて重ねて使う

平たいざるにシートを敷いても栽培できる。ただし竹ざるはかびやすいので気をつけて

◆どんな種子がよいのか

「スプラウト専用種子」が市販されているので、極力それを使うのが無難です。専用種子はオーガニック栽培で、化学的処理、薬剤使用、放射線処理されていない、発芽率90%以上のものです。

また農家の方から自家採取で消毒など化学的処理をしていない種子を分けてもらって使うのもいいでしょう。菜種油の種子、ダイコンの種子はうまくできます。ハーブのコリアンダーも、素晴らしく香りのよいものができます。花豆もしっかりした力強い芽を出します。

豆類はスプラウト専用のものが手に入りにくく、私はスーパーで買ったものを使っていますが、ときおり一粒も発芽しないものもあります。そんなときは、がっかりしないで次を試して、発芽するものを見つけてください。消費期限を見て、できるだけ新しいものを求めましょう。オーガニックもあるので、できればそちらを求めるのが無難です。

玄米などの穀類は、生産者から直接購入すると問題ありません。有機栽培の天日干しが最良です。

◆水と空気のこと

栽培用の水は水道水でもかまいませんが、水質は重要なので、浄水器を通した水を使うとさらにいいでしょう。

発芽が始まると、種子は熱とガスを発生します。瓶など密閉性の高い容器の場合は、とくに容器の中が高温にならないように注意しましょう。

空気は循環しなくてはいけませんが、水やりなどの世話をするときに空気が入れ替わるので、それほど神経質になる必要はありません。

◆気温と発育スピード

種子の快適温度は、人間が感じる快適温度と同じくらいで18~22℃です。春・秋はあまり気にしなくても大丈夫ですが、夏は涼しいところに置き、水やり回数を増やすといいでしょう。冬は暖房機の温風が直接当たる所は避け、間接光のよくあたる暖かい場所に置きます。それでも最適気温に至らないときは、発育スピードが遅れます。8日目くらいに収穫するなら許容範囲ですが、8日を過ぎると栄養面での下降が始まりますので、気温も大切なポイントです。

◆カビとひげ根の見分け方

アルファルファ、ラディッシュ、マスタードなどの根は、フワッとした白い綿毛状をしていて、カビのように見えることがあります。

根毛なのかカビなのか、見分ける決め手は「におい」です。悪臭ならカビ、芳香性のガスは根毛です。悪臭がしたら捨てて容器は酢水でよく洗い、乾かして使うようにしましょう。ラディッシュやマスタードの種子には植物性の抗生物質が含まれていますから、これらの種子を少し混ぜて蒔くと、カビの発生を抑制することができます。

スプラウトの育て方1 ～栽培容器で育てる～

◆種子には直接手を触れない

小さな種子を発芽させるときは、種子が流れ出ないよう、容器にシートを敷きます。専用シートも市販されていますが、紙製の台所コーナー用水切り袋を切って使うと便利です。種子を直接手で触ると、雑菌がついてかびやすいので、スプーンと茶こしを使って直接手では触れないように注意しましょう。

［用意するもの］種子、栽培容器（縁の浅い皿でよい）、スプーン、茶こし、台所コーナー用紙製水切り袋、ハサミ、霧吹き

［育て方］①種子は一晩水に浸けて浸水させておく。
②水切り袋を容器の底の大きさに合わせて切り（紙は二重にする）、水を含ませて容器の底に敷く。
③種子をスプーンですくって茶こしに入れ、流水をかけて、よく洗う。
④水けをきり、容器に種子を蒔く。スプーンの背を使って、種子が重ならないよう、平らに広げる。
⑤朝晩2回霧吹きで水を与える。3日ほどして根がシートにしっかり張ったら、容器の縁から直接、そっと水を与えてもよい（水やりの回数は説明書に従ってください）。身丈が4～5cmになったら収穫する。

一晩浸水させた種子を茶こしに入れ、流水をかけて洗う

スプーンで種子を蒔き、スプーンの背を使って種子を均等に広げる

霧吹きで水やりして、約1週間後に収穫

スプラウトの育て方2～ざるで育てる～

◆粒の大きい種子をざるで発芽させる

玄米・麦・豆類など粒の大きい種子を発芽させるときは、ざるを使うと簡単です。粒の大きなものは水切れしやすく、種子が重なってもかびにくいからです。

乾燥を防ぐため、スーパーの買い物袋にすっぽり入れて保管します。袋は、空気が入るよう、大きめのものを使いましょう。もし袋が小さくて余裕がないときは、ハサミで空気孔を3～4カ所開けてください。

豆類や穀類は少し多めに発芽させて、必要量に分けて冷凍しておくと便利です。

【用意するもの】種子、ざる、バット（水受け用）、スーパーの買い物袋（大きめのもの）

【育て方】①種子は一晩水に浸けて浸水させておく。

②ざるにあげて水けをきり、ざるごとバットの上にのせて、全体をスーパーの買い物袋ですっぽり覆う。

③1日2回（ヒヨコ豆の場合は傷みやすいので1日4回）、ざるごと水洗いして水をきり、バットにたまった水を捨てて再びスーパーの買い物袋で覆う。

④数日して芽が出たら出来上がり。

【メモ】発芽直後の「ちょっとだけツノが出た状態」のものを使いたいなら、光は不要です。葉を伸ばして使いたいときには、最初から間接光の当たる場所に置いてもいいです

一晩浸水させた種子をざるごとバットにのせ、スーパーの買い物袋ですっぽりと覆う

1日2回、ざるごと水洗いして再び買い物袋ですっぽりと覆っておく

数日して、ほどよく芽が出たら収穫

し、少し芽が伸びたところで光の当たる場所に移動させてもよいでしょう。

◆発芽玄米づくりもざる栽培でらくらく

発芽玄米も、同じ方法でざるでつくれば、意外なほど簡単です。場所をとらず、においもほとんど気になりません。1日2回洗って、3～4日で発芽します。

温度管理も、それほど神経質にならなくても大丈夫です。冬場でも人間が快適に過ごせる程度の室温に暖房を調整しておけばよく、特別な保温は必要ありません。気温が低いと発芽に多少時間がかかりますが、あせらずに。使うときに発芽状態をよく見て確かめてください。

◆小さな種子もざるで栽培できる

アルファルファやブロッコリーなどの小さな種子も、ざるを使ってスプラウトさせることができます。ただし小さな種子はざるの目を通って流れてしまうので、ざるの底にシートを敷きます。

丸い普通のざるを使ってかまいませんが、底が広くて丈の低いざるがあれば、なおいいでしょう。

数日して、ほどよく芽が出たら収穫

水洗いする代わりに霧吹きで水を与えてもよい

【用意するもの】 種子、ざる、バット（水受け用）、スーパーの買い物袋（大きめのもの）、スプーン、茶こし、台所コーナー用紙製水切り袋、ハサミ、霧吹き

【育て方】 ①種子は一晩水に浸けて浸水させておく。

②水切り袋をざるの底の大きさに合わせて切り（紙は二重にする）、水を含ませて、ざるの底に敷く。

③種子をスプーンですくって茶こしに入れ、流水をかけて洗い、水けをきる。

④スプーンを使って種を蒔く。

⑤種子を蒔いたざるをバットにのせ、全体をスーパーの買い物袋ですっぽり覆う。

⑥朝晩2回霧吹きで水を与え、バットにたまった水を捨てて再びスーパーの買い物袋で覆う。根がシートにしっかり張ったら、容器の縁から直接、水を与えてもよい（水やりは種子の説明書に従ってください）。

⑦芽が伸びてきたら袋の口を開けて間接光に当て、葉を緑化する。

スプラウトの育て方3 ~袋で育てる~

◆蛇口に麻袋をつるして発芽させる

豆類など発芽直後すぐに利用するものは、光に当てる必要がなく、袋を使ってスプラウトさせることができます。袋にひもをつけて水道の蛇口にかけておけば、省スペースで世話も楽です。流しに立つたびに袋を目にすることになるので、絶対に世話を忘れません。

袋は、麻布で手づくりするのがよいでしょう。縦20~25×幅15~20㎝、片方の側面に5㎝くらいの空きをつくり、口にひもが通せるように袋を縫います。できあがったら50㎝程度の丈夫なひもを通してください。

面倒な方は洗濯ネットにひもをつけただけでもいいですが、水切れがよすぎるので、スーパーの買い物袋ですっぽり覆って乾燥を防ぐ必要があります。

【用意するもの】 種子、麻袋（または洗濯ネットにひもをつけたもの＋スーパーの買い物袋）、ボウル

【育て方】 ①種子は一晩水に浸けて浸水させておく。

②袋を洗い、浸水させた種子を入れて、流しの蛇口などにつるす。洗濯ネットを使う場合は、スーパーの買い物袋で少し余裕をもたせてすっぽり覆っておく。袋に余裕がないなら、空気孔を開けておく。

③1日2回（ヒヨコ豆は傷みやすいので1日4回）、袋ごとざぶざぶと洗って、またつるしておく。

④数日して芽が出たら出来上がり。

◆まめに発芽状態をチェックする

麻袋は中が見えません。洗うときに必ず袋を開けて、中の状態をよく見てください。発芽にかかる時間は気温や豆の状態などの条件で変わるので、自分の目で見て確かめるのが、いちばん確実な方法です。

豆類を麻袋や洗濯ネットに入れて発芽させる

一晩浸水させた豆を袋に入れてつるす

水をかけ、袋の上からもむようにして洗う

数日して芽が出てきたら収穫する

スプラウトの育て方4 ～広口瓶で育てる～

◆こまめに水洗いして新鮮さを保つ

［用意するもの］種子、広口瓶（口経10×高さ20㎝くらいのもの）、ガーゼ、輪ゴム

［育て方］①瓶に種子と水を入れ、一晩浸水させる。

②水を捨て、新しい水を入れて種子を振り洗いする。

③水を捨て、瓶の口にガーゼを二重にしてかぶせ、輪ゴムで留める。瓶を逆さにして、よく水けをきる。

④1日3回、瓶に水を入れて振り洗いし、水けをよくきる。ガーゼのふたをしてから再度瓶を逆さにし、しっかりと水をきるのがポイント。

⑤数日して芽が伸びたら、出来上がり。

広口瓶でスプラウトをつくる

アメリカのスプラウト最新情報と日本

●アメリカはスプラウト・フード普及の国

そもそも、スプラウトを食べると健康にいいというアイデアは、約30年前、アメリカのアン・ウィグモア女史が着想したものです。女史は、幼少時の足の壊疽と、50代で患ったがんおよび関節疾患を「野の薬草を食べなさい」という祖母の助言を実行して克服した経験をもとに研究をして博士号を得ました。室内で野菜を栽培するという発想も、女史が冬、野の草が手に入らないときでも療法を続けるために考案したものです。

スプラウト普及の国であるアメリカの、現在のスプラウト事情はどうなっているのでしょうか。２００３年1月に、私は1カ月間アメリカに滞在し、発芽食に焦点を当ててさまざまな場所を訪ね、スプラウトと共に生きる人たちと出会いました。

●多種多様なスプラウトが店頭を飾る

まずはニューヨーク州で訪れたスーパーマーケットの様子から。私が気に入った「フォールフードマーケット」には、スーパースプラウトを中心に、何種類ものブロッコリースーパースプラウトが置いてありました。豆類のスプラウトを多種揃えたスーパーもあります。「セーフウェイ」というスーパーには、タマネギ、ニンニク、クローバー、アルファルファ、ブロッコリー、ラディッシュなど、多種類のスプラウト野菜がきれいなパッケージに入って並んでいました。

サイズが大きく量も多く、1パックで4人がたっぷり食べられる量です。私たち家族は毎朝、サンドイッチに、海苔巻きに、サラダにと、ハーブ塩をふりかけただけのシンプルなスプラウト野菜を食べ、実に快腸でした。全体的に、日本よりスプラウトの種類も数量も多く、やはりアメリカでのスプラウト需要は高いと感じました。

●スプラウトメニュー中心の食事療養院

アン・ウィグモア女史が提唱した食事療法は、スプラウト野菜と小麦若葉のジュースと生野菜を基本としています。現在アメリカには、このスタイルの施設が何軒かあります。そのひとつ、カリフォルニア州サンディエゴで26年の歴史を持つ「オプティマム」を訪ねました。ちなみに「optimum」とは、「最適・最善の」という意味です。

私の訪問を快く迎えてくださった院長は、治療院の趣旨を「体が健康であれば精神も健康になれます。平和な心で生活できる社会づくりには、健康であることが必要です。健康を得るためには、体が不必要とする毒素を早く排出し、必要なものを与えること。そうすれば体は自然によくなることが、多くの体験で得られています。私どもは科学的な物質に頼らず、体が備えている自然治癒力を目覚めさせるために適切な方法を用いて体をクレンジングし、健康を回復することを、ここで学べるようにしております」と語ってくださいました。

　花や木に囲まれた美しい環境の中でプログラムを受けていた女性は、「ここに来てはじめて、自分の食べているものがひどいものであることに気づいたことは、大きな収穫でした。もちろんダイエットもできましたし」と語っています。彼女は2回目のプログラム参加ですが、彼女のようなリピーターも多いとのことです。

スプラウトは、ほとんどが「根がらみ栽培」。容器の中で根をからみ合わせて育てるので、根まで丸ごと食べられる

豆類のスプラウトも種類が豊富。可愛らしいツノのような芽がちょこちょこ顔を出している（上下ともアメリカ・ニューヨーク州のスーパーマーケットで）

●大都会ニューヨークで「自給自足」

　ニューヨークのアパートに住み、スプラウト食を実践している58歳の女性に会いました。この3年間、主として小麦若葉のジュースとスプラウト野菜、スプラウトの豆、生野菜を食べ、補助的にサンゴのカルシウムをとるだけの実にシンプルな食生活をしているPさんは、静かで気品のある美しい人です。

「スプラウトを見ますか?」と案内された部屋には、小麦若葉、ヒマワリのスプラウト、ソバのスプラウト、ムング豆（緑豆）が栽培されていました。規模こそ小さいけれどプロ級の栽培で、棚の上には青々とした、実に生育の見事なスプラウトが3段、ぎっしり並んでいました。大都会ニューヨークのアパートで、ほとんど自給自足の生活をしているわけです。

　彼女の仕事は精神病の方々のカウンセラー。「この食事をするとよい結果が出るので、患者さんにもすすめています」とおっしゃっていました。朝は3時に起きてスプラウトの世話をし、それからジョギングをして、朝食の小麦若葉ジュース、スプラウトのジュースをとるそうです。私の訪問は真冬の厳寒期、この寒さの中でジョギングのできる健康な彼女は、スプラウト食をするとどうなるかの貴重なモデルケースだと思いました。

●大活躍する「スプラウトマン」

「スプラウトマン」を自称するスティーブ・メイロウズさんは有名人。もともとはコメディアンですが、現在は、スプラウト関連の講演や本の出版に多忙極まりなく、スプラウトの素晴らしさを伝えるのに全人生を捧げるような生活をしています。

私が待ち合わせ場所に到着すると、スプラウトマークのジャンバーとスプラウトをあしらった帽子、スプラウト柄のネクタイと、徹底したスプラウト・ルックの彼が直立して出迎えてくださいました。誠実で、どこかユーモラスな人柄に好感が持てました。

彼は幼少時からアレルギーとぜんそくに悩まされ、薬と注射では思うような結果が出なかったので、20歳のとき、従来の治療に決別してベジタリアン生活を始めたそうです。ニューヨークのアパートでスプラウト栽培をして、部屋中が緑になったとか。彼が実践したスプラウト食とジュース断食、生食5年間などの療法のなかで、いちばん彼を魅了したのがスプラウトで、それで「スプラウトマン」と名乗ってパフォーマンスをするに至ったのだそうです。

彼の講演を聞いたり本を読んで共鳴し、スプラウト食を実践。それまで悩んでいた症状が回復して彼のファンになる人が続出、今では彼の行く先々にファンがついてまわるとか……。彼の活動は、スプラウトの認知度アップに大いに貢献しているようです。

●ニューヨークのスプラウト企業家

スプラウトの生産企業家ハリー氏は、ニューヨークのスプラウト事業の先駆け的な存在です。

最初のうちは、スプラウトの知名度が低く、いつになったら世間に認められるのだろうかと不安に思うことも多かったとか。そんなとき彼の支えになったのは、

スプラウトマンこと、スティーブ・メイロウズさんと筆者

ヒマワリスプラウトのサラダを試食させてくださった、生産企業家ハリーさん

自分が栽培したスプラウトや小麦若葉でリンパ腺のがんが治ったと感謝されたり、お客様に喜ばれたことだそうです。

現在ではビジネスに成功し、個人宅やスーパー、ベジタリアンレストラン、ジュースバーなど数多くの顧客をお持ちのハリーさんは、「日本でもスプラウトが認知されるよう頑張ってください」と私を励まし、しぼりたての小麦の若葉ジュースや、ヒマワリのスプラウトをカッターで切って試食させてくださいました。

小麦若葉とジュースを売るスタンド。飲んでみると、日本のものより甘く最高の味（ニューヨーク、ユニオンスクエアの「ファーマーズマーケット」にて）

●発芽食の未来と日本

このようにスプラウトの先進国アメリカで、いろいろな人に出会い、この目でさまざまなものを見て、発芽食の素晴らしさに魅了されている私の確信は、今、さらにゆるぎないものになっています。

発芽食は、オプティマム（最適・最善の）フード。味覚先行のグルメを卒業し、生命尊重のグルメに「食」が移ろうとしているなかで、発芽食はますます需要が高まっていくだろうと思います。

現在日本では発芽玄米がブームで、スプラウト野菜も徐々に認知度が高まり、ブームが定着するきざしを見せています。それも、発芽食が、まさに時代の要求に応えているからだと思います。

デスクワーク中心の社会環境で、食事も量より質を問われる時代、不足しがちなビタミン群やミネラル、繊維の含有量が多い発芽食は、優れた機能性食品です。この素晴らしい発芽食を知り、一歩一歩自分の食卓を変えることで、健康は蘇ります。アメリカでは30年前に始まって「今」があります。いっぽう日本の発芽食は、まだ始まったばかりです。私たちの手で、これから、新しい食の未来をつくっていきたいものです。

（片岡）

スプラウトの種子&関連情報入手先

◎(株)村上農園
〒283-0825　千葉県東金市滝490番地
TEL　0475-54-3281　FAX　0475-54-3285
　＊スプラウトの栽培キットなど
◎(有)もやし研究会
〒111-0043　東京都台東区駒形2-1-20
TEL　03-3841-3064
　＊スプラウトの種子、栽培器具など
◎発芽食協会
　＊連絡先は左ページ参照
　＊スプラウトの種子、栽培用麻袋・敷き布、講演並びに料理教室ほか

[参考文献]

『Sprouts The Miracle Food』Steve Meyerowitz,Sproutman publications
『Wheat Grass』Steve Meyerowitz,Sproutman publications

[執筆分担]
主に、第1章は茅原　紘、第2～3章は片岡芙佐子が執筆・料理制作

スプラウトは食べておいしく、見て楽しい

◎豆類の発芽写真は発芽が写真でもわかるように芽の出すぎたものを用いています。調理には発芽1㎜くらいのものを使うのが最良です。
◎発芽玄米や発芽豆類などの各種ごはんは、多めに炊いて小分けし、冷凍しておくのがおすすめのため、材料は多めの分量(5～7人分程度)を記しています。
◎料理の材料は、4人分を基本としています。

デザイン――ベイシックデザイン(中島真子十久保田和男)
撮影――三戸森弘康ほか
資料協力――(株)村上農園
料理制作協力――キッチン・ビタミンガーデン(発芽食協会)
　　　　　　　片岡敬士(カントリーグレイン)
海外取材協力――シーラ川上　片岡裕士
編集協力――神原恵理子　山口文子

監修・著者プロフィール

●茅原　紘（かやはら　ひろし）

1941年生まれ。信州大学名誉教授。農学博士、農学研究科機能性食料開発学専攻。発芽食協会名誉顧問、日本綜合医学会顧問を務める。

いち早く発芽玄米の研究に着手し、98年には農林水産省などと共同プロジェクトを組む。発芽玄米が痴呆の予防に役立つ可能性を見いだし、2000年にハワイで開催された「環太平洋国際化学会議」で発表。たいへんな反響を巻き起こした。

機能性食品としての発芽玄米の研究を続けるかたわら、スプラウト食品の機能性解明にも取り組む。発芽玄米、スプラウト食品研究の第一人者として知られる。

著書に『21世紀の食・環境・健康を考える―これからの生物生産科学』共著（共立出版）ほか。

●片岡芙佐子（かたおか　ふさこ）

1941年生まれ。自然食料理研究家にして発芽食協会代表。長男と営むファーマーズ・ベーカリー「カントリーグレイン」（広島県福富町）は、国産小麦と天然酵母にこだわり、厳選した材料でパンを焼く名店としてつとに有名。

発芽させることで生長に必要な最高の栄養が得られる、発芽穀類・豆類、スプラウト野菜などの発芽食に魅せられ、料理法・栽培法を研究。発芽小麦、玄米入りのパンを焼き、ベーカリー併設の「カフェ スプラウト」では発芽食料理の数々を供する。代表を務める発芽食協会を立ち上げ、発芽食の紹介と普及に情熱を傾ける日々を送る。

著書に『［遊び尽くし］国産小麦＆天然酵母でパンづくり』（創森社）ほか。

［発芽食協会］

発芽食の紹介、普及を目的として2001年8月に設立される。発芽食とは、穀類・豆類・野菜の種子を発芽させたもので、一般に発芽玄米やモヤシなどがポピュラー。総称としてスプラウト（sprout＝発芽・新芽）ともいう。

発芽食協会では発芽の研究者による学術的な講演会の開催、情報交換の場の設定、発芽食の料理教室、ニュースの発信（年4回）、学校や病院給食等への発芽食の普及などの活動を行っている。

（連絡先）〒739-2302　広島県東広島市福富町下竹仁225-2
TEL 0824-35-2326　FAX 0824-35-2480

スプラウト レシピ～発芽《はつが》を食《た》べる育《そだ》てる～

2003年 6 月10日　第 1 刷発行
2009年11月17日　第 2 刷発行

監 修 者――茅原《かやはら》 紘《ひろし》
著　　者――片岡芙佐子《かたおかふさこ》

発 行 者――相場博也
発 行 所――株式会社 創森社
〒162-0805 東京都新宿区矢来町96-4
TEL 03-5228-2270　FAX 03-5228-2410
http://www.soshinsha-pub.com
振替 00160-7-770406
印刷製本――プリ・テック株式会社

©Fusako Kataoka 2003 Printed in Japan ISBN978-4-88340-157-4 C0077

資料請求券
発芽食協会

＊発芽食協会の活動に関してのお問い合わせは、左記資料請求書と返信用封筒を同封のうえ、発芽食協会宛、郵送にてお申し込みください。

〝食・農・環境・社会〟の本

http://www.soshinsha-pub.com

創森社　〒162-0805 東京都新宿区矢来町 96-4
TEL 03-5228-2270　FAX 03-5228-2410
＊定価（本体価格＋税）は変わる場合があります

木と森にかかわる仕事
大成浩市 著　四六判２０８頁１４７０円

薪割り紀行
深澤 光 著　Ａ５判２０８頁２３１０円

協同組合入門 ～その仕組み・取り組み～
河野直践 編著　四六判２４０頁１４７０円

園芸福祉 実践の現場から
日本園芸福祉普及協会 編　Ｂ５変型判２４０頁２７３０円

自然栽培ひとすじに
木村秋則 著　Ａ５判１６４頁１６８０円

紀州備長炭の技と心
玉井又次 著　Ａ５判２１２頁２１００円

一人ひとりのマスコミ
小中陽太郎 著　四六判３２０頁１８９０円

育てて楽しむ ブルーベリー12か月
玉田孝人・福田 俊 著　Ａ５判９６頁１３６５円

炭・木竹酢液の用語事典
谷田貝光克 監修　木質炭化学会 編　Ａ５判３８４頁４２００円

園芸福祉入門
日本園芸福祉普及協会 編　Ａ５判２２８頁１６００円

全記録 炭鉱
鎌田 慧 著　四六判３６８頁１８９０円

食べ方で地球が変わる ～フードマイレージと食・農・環境～
山下惣一・鈴木宣弘・中田哲也 編著　Ａ５判１５２頁１６８０円

虫と人と本と
小西正泰 著　四六判５２４頁３５７０円

割り箸が地域と地球を救う
佐藤敬一・鹿住貴之 著　Ａ５判９６頁１０５０円

森の愉しみ
柿崎ヤス子 著　四六判２０８頁１５００円

園芸福祉 地域の活動から
日本園芸福祉普及協会 編　Ｂ５変型判１８４頁２７３０円

ほどほどに食っていける田舎暮らし術
今関知良 著　四六判２２４頁１４７０円

育てて楽しむ タケ・ササ 手入れのコツ
内村悦三 著　Ａ５判１１２頁１３６５円

ブルーベリーに魅せられて
西下はつ代 著　Ａ５判１２４頁１５００円

野菜の種はこうして採ろう
船越建明 著　Ａ５判１９６頁１５７５円

直売所だより
山下惣一 著　四六判２８８頁１６８０円

ペットのための遺言書・身上書のつくり方
高野瀬 順子 著　Ａ５判８０頁９４５円

グリーン・ケアの秘める力
近藤まなみ・兼坂さくら 著　Ａ５判２７６頁２３１０円

心を沈めて耳を澄ます
鎌田 慧 著　四六判３６０頁１８９０円

いのちの種を未来に
野口 勲 著　Ａ５判１８８頁１５７５円

森の詩～山村に生きる～
柿崎ヤス子 著　四六判１９２頁１５００円

田園立国
日本農業新聞取材班 著　四六判３２６頁１８９０円

農業の基本価値
大内 力 著　四六判２１６頁１６８０円

現代の食料・農業問題～誤解から打開へ～
鈴木宣弘 著　Ａ５判１８４頁１６８０円

虫けら賛歌
梅谷献二 著　四六判２６８頁１８９０円

山里の食べもの誌
杉浦孝蔵 著　四六判２９２頁２１００円

緑のカーテンの育て方・楽しみ方
緑のカーテン応援団 編著　Ａ５判８４頁１０５０円

育てて楽しむ 雑穀 栽培・加工・利用
郷田和夫 著　Ａ５判１２０頁１４７０円

オーガニック・ガーデンのすすめ
曳地トシ・曳地義治 著　Ａ５判９６頁１４７０円

育てて楽しむ ユズ・柑橘 栽培・利用加工
音井 格 著　Ａ５判９６頁１４７０円

バイオ燃料と食・農・環境
加藤信夫 著　Ａ５判２５６頁２６２５円

田んぼの営みと恵み
稲垣栄洋 著　Ａ５判１４０頁１４７０円

石窯づくり 早わかり
須藤 章 著　Ａ５判１０８頁１４７０円

ブドウの根域制限栽培
今井俊治 著　Ｂ５判80頁２５２０円

飼料用米の栽培・利用
小沢亙・吉田宣夫 編　Ａ５判１３６頁１８９０円

農に人あり志あり
岸 康彦 編　Ａ５判３４４頁２３１０円

現代に生かす竹資源
内村悦三 監修　Ａ５判２２０頁２１００円